杨绛

淡定从容
便是优雅

刘颖 著

Yang Jiang:
The elegance
lies in calmness

天津出版传媒集团
天津人民出版社

图书在版编目（CIP）数据

杨绛：淡定从容，便是优雅/刘颖著. -- 天津：天津人民出版社，2020.3
ISBN 978-7-201-15836-5

Ⅰ. ①杨… Ⅱ. ①刘… Ⅲ. ①杨绛（1911-2016）—生平事迹 Ⅳ. ①K825.6

中国版本图书馆CIP数据核字（2020）第036527号

杨绛：淡定从容，便是优雅
YANGJIANG: DANDING CONGRONG, BIANSHI YOUYA

出　　版　天津人民出版社
出 版 人　刘　庆
地　　址　天津市和平区西康路35号康岳大厦
邮政编码　300051
邮购电话　（022）23332469
网　　址　http://www.tjrmcbs.com
电子邮箱　reader@tjrmbs.com

责任编辑　陈　烨
出版策划　春风化雨
策划编辑　罗诗雨
装帧设计　门乃婷工作室

制版印刷　北京柯蓝博泰印务有限公司
经　　销　新华书店
开　　本　880毫米×1230毫米　1/32
印　　张　8
字　　数　220千字
版次印次　2020年3月第1版　2020年3月第1次印刷
定　　价　39.80元

目　录
contents

第一章　在如花的年纪，培养优雅气质

爱，让岁月变温柔 / 003

人生路怎么走，要自己决定 / 010

眼前人须珍惜，当下事要抓紧 / 017

阿季，你真实的样子很美 / 024

心有淡泊，尘埃不落 / 030

面对需要勇气，拒绝遵从心意 / 037

第二章　遇见了，便好好爱

守着心，等一个对的人 / 045

遇见，便不想再与你走散 / 051

因为爱，所以勇敢 / 058

我不想抱怨，我只想抱你 / 064

爱情，需要保持清醒 / 070

想把最美的一切都给你 / 077

第三章　用心对待，让婚姻细水长流

爱他，不吝于为他付出 / 087

理智地包容，深情地爱 / 093

所谓周全，不过是心甘情愿 / 099

尊重，会让他的心温暖 / 105

我愿与你，一同盛放 / 112

爱不只在嘴上，更在行动里 / 118

第四章　努力，遇见更好的自己

越努力，越幸运 / 127

读书，是一辈子的事 / 134

那些年，她做到了全身心投入 / 141

不气馁，才能绽放花蕾 / 148

没有最好，只有更好 / 154

做散工，却不懒散 / 160

第五章　动荡的是岁月，不是人心

我的国，我的家 / 169

心若从容，人自优雅 / 176

岁月安稳一时，从容淡定一世 / 183

坚韧地活着，不负此生 / 190

抱着信件，将苦日子过甜 / 196

带着乐观，拥抱世界 / 203

第六章　人总要学会接受

不能改变，就学着接受 / 211

陪伴，与你走好最后一段路 / 218

女儿，愿你能找到回家的路 / 226

做好最后一件事：好好活 / 232

笑着回忆，是最好的怀念 / 238

心中的珍宝必须守护 / 245

第一章

在如花的年纪，培养优雅气质

小桥流水欣赏着她的优雅，杏花春雨吟诵着她的才情，拂柳轻风吹动着她的浪漫，素笔淡墨书写着她的从容。她是时光荒野里的一朵花，骨有坚毅，腹有芬芳；她是浮光掠影中的一首歌，词含缱绻，韵含情长。

爱，让岁月变温柔

岁月是条神奇的河，在时光的洪流中会将一些人从我们身边冲散，也会将一些人带到我们身边。

我们的心头，总归会有想要守护的人。

风来雨走，潮起潮落，越是在冰冷难挨的日子里，我们心头的那份爱越能温暖时光，让岁月变温柔。

爱是能战胜一切的，包括病痛。

从北京初回南方，杨绛一家住在沙巷的一处宅子里，这里的小桥流水、温婉如画是北京少有的。站在自家的院子里就可以看到船来船往，那更是高墙青瓦的北京所没有的，所以初来时，杨绛一家人很喜欢这里的风景。

当然除了风景外，他们也喜爱这里新鲜的美食。

那阵子，父亲杨荫杭很喜欢吃当地的炝虾，所谓炝虾，就是从家附近的河里打捞上来小活虾，简单地洗一下后用酱料一淋，再扣一会儿就直接吃。杨绛接受不了这种类似生鲜料理的食物，所以没什么兴趣，可家里人却都很喜欢。

但一段时间过后，家里人开始陆续地感到身体不适。

之前也有人说，原本这房子的几个住客也都得过伤寒，大抵是吃了太多生虾的缘故，而杨荫杭一家，除了不吃炝虾的杨绛，其他人都病了，这不免让人心慌。

好在经过简单的治疗，大家的身体状况都有好转，没多久就都康复了。可唯独杨荫杭，他的身体不但没有好转，反而每况愈下。

杨荫杭是留过洋的人，对西医颇为推崇，他认为西医才能治病。那时候无锡只有一个西医，而且诊所内设备也不全，医生对杨荫杭的状况诊断不出什么，便取了血送去上海化验。无锡到上海的距离本不算太远，偏偏这次却仿佛隔着海角天涯，化验结果拖了一周才拿回来不说，结果还是什么都没诊断出来。

杨荫杭的病情日益严重，杨绛的母亲唐须嫈愈发担忧。

为了能让杨荫杭早日康复，她请了中医来家里瞧。中医诊脉很快就有了结果，杨荫杭的确是得了伤寒。虽然知道了病症，可中医却拒绝开药。大家心里都明白，中医的意思是杨荫杭大约时日无多了。

这突如其来的一切，打得杨绛全家措手不及。

家里的天似乎塌了。

杨绛后来回忆道，那几天，有许多亲戚来家里，人来人往的，每个人的脸上都是一样的感伤悲痛之色。

这场风暴来得突然而猛烈，几乎刮垮了杨绛的家。

可是，杨绛的母亲唐须婴却不忍眼睁睁看着家就这么散了。她深爱着杨荫杭，更深爱着这个家。家是他们避风的港湾，只要家还在，只要他们还在一起，那大家的心就是暖的，那日子就还能继续。唐须婴希望一家人平平安安的，一个都不能少。

杨荫杭的意识渐渐模糊，而且持续发烧，不停地说胡话。

看着这样的杨荫杭，唐须婴仍然不愿放弃，她请来了杨荫杭的故友华实甫先生。华先生是一位很优秀的中医，唐须婴希望他能再帮杨荫杭看看，哪怕只有一点儿希望，哪怕是做最后一次尝试，也是好的。

华先生仔细地看了杨荫杭的病情，心里也不抱什么希望，可他答应了唐须婴会尽力，所以便“死马当活马医”，开了一副药。

唐须婴抓着最后这点儿希望，拼尽全力。

知道杨荫杭不太信中医，为了能让他接受中医的治疗方法，唐须嫈买来了西药的胶囊，然后一个个地倒空，再把中药塞到里面重新扣好，给中药做了伪装，再给杨荫杭喂下去。

或许，唐须嫈对杨荫杭的爱真的感动了上天，杨荫杭得到了命运的眷顾。吃了华先生的药之后，已经只剩下一口气的杨荫杭竟然奇迹般地渐渐恢复了。

唐须嫈用自己的坚持、照料和对杨荫杭无尽的爱，从死神手中抢回了他的命。

这段记忆，一直烙印在杨绛的脑海里。

年纪小的时候，杨绛对死亡的认知不深，可随着她渐渐长大，她很清楚，人活在这个世上，生老病死都是人生常态，是我们每个人都逃不开的宿命。临到不得不面对的时候，我们只能坚强地接受。

可是她更知道，我们每个人都有一副爱的铠甲，这铠甲包裹着我们想要守护的人。

不到最后一刻，就不言轻易放弃。让我们用心中的爱去温暖我们想要守护的人，温暖冰冷的时光，我们或许就能滋养出生命的奇迹。

杨绛心中一直有爱，她用爱守护着家人。

温暖时光的奇迹，她自己也创造过。

杨绛的女儿阿瑗小时候身体虚弱，经常生病，尤其是在上小学的时候，她通常只上了一两个星期就病倒了，紧接着被接回家治疗。如此反复，以至于她从来没有完整地上过一个学期的课程。

1947 年冬天，阿瑗又病倒了。

她右手的食指骨关节肿大，医生的检查结果是骨结核，一般的孩子如果得了这种病，大多数都会转到脚部，然后转到头部，命不久矣。医生如实地告诉了杨绛："此病目前无药可治。"

这对于杨绛来说，无疑是一个沉重的打击。

杨绛和钱钟书只有阿瑗一个孩子，他们曾说要将全部的爱都给她，让她幸福地活着。可是，一切还没开始，似乎就要结束了。看着病床上的阿瑗，杨绛的一颗心都碎了。

可是，杨绛并没有因此被打倒，更没有因此而放弃。

母亲能从死神的手中抢回父亲，她相信，自己也能从病魔的手中抢回女儿。

医疗条件日益变好，家中的条件也有了改善，杨绛认真听医生的话，每日按时喂阿瑗吃药，同时也喂阿瑗吃维生素和各种补养品，并且让阿瑗卧床休息。她日日守在阿瑗的身边，悉心照料，她用爱呵护着阿瑗。终于，在十个月后阿瑗康复了。

阿瑗病好了，整个人都胖了一圈，杨绛心里的石头终于落了地。

可她自己却病了。

杨绛整个人蔫蔫的，天天发低烧，体重也开始一点点地往下掉，去检查却又查不出毛病来。钱钟书看着日渐消瘦的杨绛，心里担忧得厉害，可杨绛自己心里却大抵是开心的，因为她的阿瑗好了。

杨绛用自己的爱和全部努力，守护了自己最想守护的人，她无怨无悔。

我们经常把爱挂在嘴边，可爱到底是什么？

答案或许不是唯一的，但我想，爱大约是我们对心头想要守护的人自然而然流露出的一种珍重和呵护。我们会因为他们而快乐，也会因为他们而悲伤。我们可以为他们奉献所有，也可以为他们勇敢向前，披荆斩棘。

爱是一种动力，更是一种守护。

于岁月无声处，爱会开出花来，让时光绽放光彩，流光璀璨；于心灰意冷时，爱能暖如骄阳，让生命充满幸福，欢乐流淌。

爱能让岁月变温柔。

因为有爱，缓缓流淌的时光里会带着三月的风，充满希望的气息。因为有爱，雨疏风骤的日子里会泛着暖色，有着幸福的味道。

愿你拥有让你想用爱去守护的人，岁月旖旎；也愿你能被人守护，心头温暖，四季如春。

人生路怎么走，要自己决定

路在脚下，要怎么走，需要自己做决定。

人生路尤其如此。

也许最初我们都很稚嫩，也许我们所考虑的还不够周全，以至于我们选择的路也算不得多正确，但恰恰是这种跌跌撞撞，让我们不断成长，让我们逐渐变得成熟，并成为更好的自己。

敢于做决定，敢于掌控自己的人生，是我们必须具备的品质。

杨绛大抵是最敢于掌控自己人生的。

那一年，按实足的年龄算，她不过八岁半。

在杨荫杭的心中，他是希望所有的孩子都能得到良好的教育的，无所谓男女。所以，当大女儿以优异的成绩从上海启明女校毕业，还留校当了老师，说可以带着三妹和四妹去启明读书时，杨荫杭便考虑起了孩子的教育问题。

无疑，上海启明女校的教学质量是极好的，在那儿读书，能够打好中文和外文的基础。杨绛的二姑妈、堂姐、大姐和二姐，全都在启明读过书。

按说送杨绛姐妹俩去启明读书，没什么可犹豫的。可是这一次，杨荫杭却有些拿不定主意。

那时候，杨绛的二姐因为在学校读书时感染风寒住进了医院，从此再也没能走出来。经历过生离死别的杨荫杭，行事更为谨慎。比起二女儿，杨绛的年岁要更小，也更为稚嫩。去启明读书是要住校的，杨荫杭担心杨绛年龄太小，照顾不好自己，会再出差池。那种痛苦滋味，再来一次他可承受不住。

杨绛的母亲唐须嫈和杨荫杭的心思是一样的。

有些记忆是灰色的，冷冰冰的，让人不敢去触碰，一旦翻开，那些记忆便会晕染上血色，刺目而锥心，让人疼到窒息。

每当想起二女儿离世，唐须嫈都会痛苦不堪，而在痛苦悲伤过后，留下的是无尽的恐惧。

杨绛从来不曾离开母亲身边，唐须嫈也担心杨绛外出求学难以适应学校的生活。

但是，唐须嫈明白，所有的孩子都会慢慢成长，他们会生出一双翅膀，飞向更广阔的未来。若一直活在父母的羽翼之下，那他们可能永远都无法学会飞翔，那一双翅膀也会退化，成为一种好看的饰品、无用的摆设。

唐须嫈想让杨绛留在自己身边，以便自己能日日看着她，守护她周全。可是她也知道，自己不能自私地以爱的名义“绑架”杨绛，让她失去选择的权利，以及成长的机会。

内心满是纠结和挣扎，最终，唐须嫈和杨荫杭索性将决定权交给杨绛。

去或不去，都由杨绛自己说了算。

实岁不过八岁半，那时候的杨绛也许连是非对错的观念都还很模糊，更遑论去权衡所做选择的全部利弊得失？可是，就是在这样青涩稚嫩的年纪，杨绛做出了人生路上的第一个决定——去启明女校读书！

唐须嫈尊重杨绛的决定，她细心地为杨绛收拾行李，期间，她也问杨绛：“你打定主意了？”

杨绛回答：“打定了。”

只有三个字，可杨绛说得极其坚定。

年幼的杨绛敢于选择自己的人生，这无疑是一种勇敢，但她也并非不害怕。

从无锡到上海算不得多远，但是，对于当时年幼的杨绛来说，却是山高路远、山海难越。她这一去，没有了父母在身边，要等到寒暑假才能回来。这种长期的分离，无疑更加剧了杨绛的不舍。还没有走，她的思念就已经泛滥了。

那时候无锡还没有电灯，夜里屋子里黑漆漆的，杨绛便蜷缩在黑夜里，紧紧地抱着自己，泪流满面。

这就是她为选择付出的代价。

人生本就是一次充满未知的旅行，路上我们总是不断面临选择。

前路未知，所有的选择是对是错，又是否值得，在走下去之前谁都不知道。

有人惧怕未知，因而踌躇不前，他们不断地犹豫徘徊，最终也无法迈出脚步。他们没有选择的勇气，自然也没有欣赏这路上山川风景的权利。满目山河与他们无关，驿路梨花也和他们无缘。而有些人是不怕选择的，哪怕前路充满危险，他们也敢于前行。因为当他们站在人生的岔路口时，心中并没有迷茫，他们清晰地知道自己内心最想要的是什么。选择了，冲着这个目标而去，风雨兼程，哪怕跌跌撞撞、坎坷不断，也是无悔的。

而无悔，已经足矣。

那时的杨绛懵懂稚嫩，她也许不明白去启明读书于她的未来有什么意义，可她知道那是父亲心里的期望。

她喜欢读书，也想要达成父亲的期望。去启明读书可以将自己的喜好和父亲的期待都变为现实，这就是当时的她最想要的。

杨绛并不惧于做选择，也勇于承担选择的代价，她的勇敢并不算盲目。

清楚自己的内心，这是我们自由选择人生路的前提，没有这个前提，选择经不起现实的冲击。

这也是在我们成长的路上，长辈们担心不愿意放手的原因。

他们一边期盼着我们成长，想我们独立，一边却又一次次地介入我们的生活，左右我们的人生。因为他们害怕我们连自己想要什么都不知道，仓促间选择了一条路，还没走多远，就已经承受不起成长的代价了。

我们不否认这是一种爱，只是，当人生路的选择权不在自己手里时，我们总会觉得爱是禁锢。排斥、抗拒、挣扎，我们一次次地尝试挣脱，最终让爱受了伤。其实，我们在抗争之前，似乎极少审视自己。

我们真的清楚自己想要什么吗？我们能坦然面对选择之后遇到的所有好与不好吗？

如果答案是肯定的，人生路按照自己的方式走，自然是最好的。

就像杨绛。

小小年纪，她便清楚地知道自己想要什么，她也敢于朝着这个方向坚定地走下去。

杨绛终是走出去了。她去了启明，开启了全新的生活。无疑，杨绛没有辜负当初的选择。

她在学堂里不但学到了知识，也学到了礼数。这个干净而纯粹的地方，也给了她仁慈情怀，给了她最本初、最纯粹、最持久的信仰。在这里，杨绛对英文和法文产生了强烈的求知欲；她也学会了用自己的眼睛于司空见惯的事物中发现美；她还接触到了很多神奇、深邃的书理。这些，都为她以后的人生路奠定了坚实的基础。

当然，那时的杨绛也有难过的时候。

每月的“月头礼拜”，对于杨绛来说就是最难熬的。

本市的学生，每到月头礼拜，就可以被家长接回家，去享受家的温暖。可杨绛这样的外地孩子，就只能留在学校里。因为路途遥远，连回家这样最简单的事也成了一种奢望。为此，年幼的杨绛没少伤心难过。即使食堂的姆姆贴心地将多余的糖送过来给她吃，可那蜜糖也只能甜在嘴里，却甜不到心上。

但是，杨绛从来都没有后悔过。

这世间的事情都是有两面的，我们享受着好的一面，也得承受着不那么好的一面，太一味奢求好的而抗拒不好的，最终难为的不过是我们自己。杨绛是能接受这一切的好与不好的，因为她知道自己想要什么，也知道为此值得自己所有的付出和承担。

人生路就在脚下，怎么走，我们要自己做决定。

问问自己的心，清楚自己想要什么吗？也问问自己，能够承担伴随选择而生的所有好与不好吗？

期待你能有肯定的答案，也祝福你所选择的人生路，喜乐无忧，一片坦途。

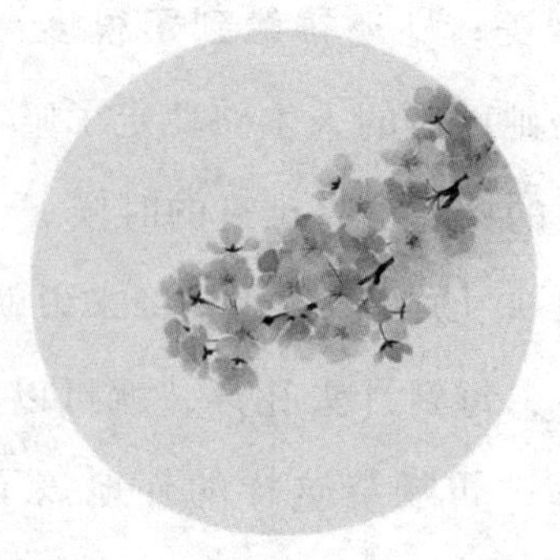

眼前人须珍惜，当下事要抓紧

人生，不过是一场绚烂的花事。绽放时芳菲沁人心脾，流光溢彩，拨动人心，可一旦繁华消逝，锦瑟流年不过是时光的一段剪影。也许那段时光依旧在记忆中温暖如初，但它也只是在记忆里，一去不再来。

有人说，且行且珍惜。

人生路就像是单向而行的车道，我们只能一路向前，却不能回头。

时光匆匆，走在人生路上，我们的脚步总是不自觉地加快，路上的风景就像浮光掠影，在我们眼前一闪而逝，我们甚至还来不及品味它的美，就已经错过了。正是因为有了太多这样的错过和失去，珍惜才显得尤为珍贵。

懂得珍惜的人，才能欣赏到人生路上的风景。懂得珍惜的人，才能避免品味错过的辛酸苦涩。

杨绛是懂得珍惜的人，她对“珍惜”二字的领悟，最初大抵来自于一些她本来拥有，可却还没来得及读就已经消失了的书。

杨绛的父亲杨荫杭是个很懂教育的人，他对杨绛的影响颇深。

杨绛自小就喜欢文学，对此，杨荫杭极为支持。为了让杨绛能够博览群书，杨荫杭时常会买些书回家，尤其对于杨绛最喜欢的辞章、小说，他从不吝啬。如果杨绛对什么书表示有兴趣，那杨荫杭就会亲自寻来以供她阅读。

杨荫杭对杨绛的爱是深沉的，不过他的爱并不纵容。放置在桌上的书是要读的，如果杨绛长期不读的话，那本书就会消失不见。

等到杨绛再去找这些书的时候，已经来不及了。

这些消失的书于杨绛而言，像是一种无声的谴责，让她的心里很不是滋味。

“花开堪折直须折，莫待无花空折枝”的道理大家都懂，只是，人有的时候就是这么奇怪，轻易得到时，那一切仿佛都无足轻重，当真的惶惶然错过、失去，再也没法回头的时候，才知道那是何等珍贵。

对于那些杨绛未曾读的书，杨荫杭从没有说过一句重话，可它们的消失，让杨绛更懂得珍惜。而且这种珍惜，根植到了她的骨子里。不只是对于读书，对于感情、工作、学习、生活等，她都如此。

“满目山河空念远，落花风雨更伤春，不如怜取眼前人。”晏殊的句子，淡淡的忧伤里又满含理智，伤春悲秋无用，珍惜眼前人，珍惜当下，这才是最要紧的。

“珍惜”二字，在一定程度上意味着及时。

时间就像是一条长河，从来不会终止流淌，你不去抓住它，它就会溜过去。懂得珍惜的人，也更懂得把握当下。他们会及时去做应该做的事，及时去爱应该爱的人；他们能及时表达情意，及时感恩付出，及时享受快乐和幸福……他们努力去抓住能抓住的一切，不负流年，无愧当下。

这就是珍惜。

杨绛是懂得珍惜的，她很懂得怜取眼前人。

初识钱钟书，他们之间存在着不小的误会。当时杨绛向同学打听，得知钱钟书已经订婚了，为此她失落过。所有的遇见，都是上天赐予的缘分，能在茫茫人海里遇见一个喜欢的人，真的不容易。“蔚然而深秀”的钱钟书深深地印刻在了杨绛的脑海里，可他们相遇得似乎太迟了。

杨绛叹息过，也遗憾过。

喜欢这回事，能够口是心非、言不由衷，能够去骗别人，将喜欢说成不喜欢，但是，却骗不过自己的心。

杨绛自己心里清楚，她是喜欢钱钟书的，可纵然情深，奈何缘浅。

好在没多久，钱钟书便找上了杨绛，虽然他也听闻杨绛有男朋友，可是，心中的悸动蛊惑着他，让他没有办法做到坦然放手，他不愿就这么悄无声息地与杨绛错过。

钱钟书珍惜和杨绛的这次遇见，同样，杨绛也珍惜和钱钟书的缘分。

所以一见面，杨绛就将自己没有男朋友，众人口中所谓的男朋友不过是她熟识多年的好友的事，一一向钱钟书解释了。

刚刚好，钱钟书所谓的订婚也是一场乌龙事件。

及时将误会澄清，两个人之间的所有顾虑也就烟消云散了。

爱情是需要用心滋养的花，只有及时浇灌，小心呵护，那花才能盛放。显然，杨绛和钱钟书都是懂得滋养爱情、珍惜爱人的人。及时地珍惜，让他们的爱情有了开始，而长久地珍惜，则让他们的爱情镌刻在时光里，成了永恒。

一生一世一双人，风雨携手，不离不弃，这让多少人羡慕。可其实这段感情的伊始，也不过是珍惜最初的遇见，珍惜心动的感觉而已。

珍惜说来容易，但事实上却远没有想的那么乐观。

太多时候，当我们幡然醒悟，想去拼命抓住某样东西、某个人的时候，它（他）已经天涯路远，消散不见了。我们嘴上说着要及时珍惜，可事实上我们的珍惜总是姗姗来迟。而更让人无奈的是，所有的事情一时做来容易，可一旦在前面加上了“一生”这个时限，那漫长的岁月便成了一道横亘在我们面前的大山，让我们亦步亦趋、渐走渐停，一颗初心也被消磨干净。珍惜这件事，也是如此。

一时的珍惜尚且不易，长久的珍惜更难，可我们能因为难而放弃吗？当然不能！越是在难的时候，我们越不能轻言放弃，越不能轻易放手。

珍惜在很多时候就意味着坚持。

放弃固然容易，也能得到一时的轻松和解脱，但放弃就意味着失去。尤其是放弃曾经最珍爱的东西，那种痛苦滋味必然会潜伏在短暂的轻松之下，然后在漫长的人生里酝酿发酵，让你久久不能释怀。反而是坚持，虽然一时难，但当回首往事的时候，那些痛和困难也会成为破茧的蝶，绽放华彩，翻飞起舞。

杨绛和钱钟书懂得珍惜，他们珍惜彼此走过了一生。

他们的人生路上并非没有风雨，可风雨带给他们的不是寒冷侵蚀，让两个人心灵溃散、天涯路远。相反，风雨带给他们的是彼此依偎，是拥抱生暖，是珍惜彼此，是携手并肩。

珍惜是什么？

珍惜是不轻易放手，是不惧付出，是无愧于心，是无悔于曾经。

人的一生其实就是一场漫长的修行，路过风雨修得深爱，经历荣衰修得真情，走过平淡修得宁静，跨过苦难修得坚韧。这场修行，对我们所有人而言，都是一场盛大的考验，但同样也是一场丰厚的馈赠。因为我们所经历的一切都会渗进骨子里，融为我们的骨血。

珍惜这所有一切，因为这一切的好与不好，最终都会成为生命中最珍贵的记忆。

及时珍惜，不轻易放手……

杨绛从那些消失的书读懂了这些。

时光荏苒，百年岁月不过弹指一挥间，杨绛在这匆匆流淌的时光里，珍惜最爱的人，得一世爱恋相伴；珍惜能读的书，得满腹诗书；珍惜和孩子相处的时光，得母女情深；珍惜接触新领域、新工作的机会，得事业花开，荣光无限。

杨绛用百年岁月珍惜拥有的一切，惊艳了时光。

我们也应学会珍惜，不求惊艳时光，但至少能无愧于自己。

人生不过是一场绚烂的花事，于岁月的长河，我们的生命都只是白驹过隙，但这短暂的人生也能绽放光华。

愿你的人生绚烂惊艳，愿你珍惜了所有该珍惜的人，也愿你能被人珍惜。

阿季，你真实的样子很美

先生原名杨季康，亲近的人都叫她阿季。

阿季在苏州上中学的时候，发生过一件有趣的事。

大约是 1926 年，在她上高中一二年级的暑假期间，学校的教务长王佩诤先生办了一个“平旦学社”，每星期都会邀请名人讲学。

当时的阿季，小小年纪便满腹才情，带着一股子灵气，王佩诤先生很欣赏她。所以，有一次便吩咐她去现场做记录。

阿季以为，做记录就是做笔记。

想着听大学者讲学，做笔记也是正常的，所以杨绛没有犹豫就答应了。

讲学的地点在苏州青年大会礼堂。

阿季的大姐也要去听讲，姐妹俩便约好了一起去，只是临出门的时候，杨绛的姐姐又是换衣服，又是换鞋子的，耽搁了不少时间。等她们匆匆忙忙地赶到礼堂时，讲学已经开始了。

礼堂里挤满了人，杨绛好不容易看到了一处人稍微少的地方，正准备挤过去，就被会场工作人员叫了过去。

原来，记录人员的座位在台上。

因为迟到，阿季很不好意思，但已经答应了教务长，到了这个时候，她也没有退却的余地，所以只能硬着头皮走上去。

不出所料，所有人都注意到了她，包括当时正在讲学的章太炎先生。

不过，更尴尬的还在后面。

坐下之后阿季才发现，桌子上已经摆好了砚台、毛笔和一沓毛边纸。在她身边坐着的是几位有着很深资历的教师，他们一个个都奋笔疾书，认真地做着记录。她看过去，还可以看到他们笔走龙蛇之下那一个个漂亮整齐的字。

阿季心里有多羡慕，就有多忐忑。

她的毛笔字真的不算好，或者用她老师的话说，她拿笔就像拿扫帚一样，字“出奇的拙劣”。

看着几位师长写字潇洒自如，杨绛心里不禁暗暗叫苦。

不过，既来之则安之。

跟父亲学习多年的淡泊从容，如今总算派上用场了。阿季镇定自若，她磨了墨，拿起笔蘸好，准备记录。

可正当准备落笔的时候，她才发现，章太炎先生的话她居然一句都听不懂！

就像多年后杨绛回忆往事时写的那样："章太炎先生谈掌故，不知是什么时候，也不知谈的是何人何事。且别说他那一口杭州官话我听不懂，即便他说的是我家乡话，我也一句不懂。掌故岂是人人能懂得！"

听不懂，也就没法记录，杨绛不得不再次放下拿起的笔。

我能想象得出，那一刻阿季如坐针毡，却又没有一点儿办法的模样，很真实，还带着一点儿出糗的可爱。

可想而知，阿季是写不出章太炎先生讲的内容的。

不过，她也不算白来。

坐在离章太炎先生最近的位置，阿季发挥了她的视觉作用，她使劲儿地看章太炎先生，以至于她灼热的目光也引起了章太炎先生的注意。想来，章太炎先生也对这个一个字都不写，却偏偏拼命盯着他瞧的女学生很好奇，他频频地瞄向杨绛，每次都能撞上杨绛天真无邪的眼神。

当然，注意到阿季的，并不止章太炎先生，还有台下的观众。

阿季坐在台上也暗地揣测观众的心理，觉得他们一定会认为自己是个怪人。

细说来，阿季也的确算是怪的。

就像开学之后，国文班上的同学和老师对她说的那样：“杨季康，你真笨！你不能装样子写写吗？”

或许在人们的认知中，坐在阿季那个位置，装装样子才是正常反应。像她这样干坐着，整整坐了一个多小时，盯了章太炎先生一个小时，直到工作人员来收白卷才落荒而逃的人，反倒成了异类。

可是，就如阿季说的那样：“装样儿写写我又没演习过，敢在台上尝试吗！”

在那之前，在那青葱的少女时代里，阿季没尝试过装样子；在那之后，在漫长的人生中，杨绛依旧没有学会装样子。她始终保持着一颗谦逊、诚恳的心，无论做什么事，都不弄虚作假。

记忆会泛黄，时光会苍老。可她自始至终都是那个坐在那儿呆呆地看着章太炎先生一个小时，却坦然到一个字都不写的杨绛。

虽不完美，但却真实。

只是，面对真实的自己，并将真实的自己呈现在众人面前，并不是一件容易的事。这需要成熟的心理，并且需要一颗强大的内心。

金无足赤，人无完人。

这世上少有绝对完美的人，我们都有这样或那样的不足。

我们隐藏了缺点，尽可能展示优点，收敛了脆弱，努力表现坚强。我们试图打造一个完美无缺、无坚不摧的自己，以获得别人的认同，也得到自己的安慰。

可事实呢？

我们把真实的自己藏起来，不让别人看，自己也不敢去看。

我们将自己扮成了另一个似乎更好的自己，可兜兜转转才发现，即便是完美的人，也未必能取悦所有人。我们自以为不错的伪装，其实只是弄丢了自己而已。

脆弱的时候为什么不能哭？明明在意，为什么又要装作不在乎？

不懂的事情为什么一定要装懂？胆小又如何，谁能在任何时候都有一腔孤勇？

阿季可以坦然地面对自己，不装模作样；同样，我们也可以卸下自己的伪装，不必苛求刻意的完美和刚强。

我就是我，也许不完美，但至少真实。

更何况，人的一生是成长的一生，我们都是在跌跌撞撞中不断塑造并且遇见更好的自己。

青葱年少的阿季不懂章太炎先生谈的掌故，可后来在书海中徜徉，她不断充盈自己，满腹才情，她如同盛放的莲花，美得惊艳，举世皆知。

同样，我们也应面对真实的自己，并且不断完善自己。

遇见的人，走过的路，读过的书，改过的缺点……

这所有的一切，都会慢慢地渗进我们的骨子里，成为我们的骨血，而后由内而外地散发出来，成为一种浑然天成的优雅芬芳，一种不必刻意伪装，便已经尽善尽美的成熟魅力。

那才是真正的最好的自己，而且是真实的自己。

姑娘，放下伪装，做真实的自己吧。

你真实的样子，其实很美！

心有淡泊，尘埃不落

“淡泊无欲，清静自守”，用这八个字来形容杨绛的父亲杨荫杭再适合不过。

杨荫杭是个淡泊的人，他恬淡寡欲，不为名利扰，身上透着一股超凡脱俗的风骨，生活虽简，却安定无忧。

有人说，父母是孩子最好的老师。

杨荫杭的这种淡泊性情在无形中影响了杨绛，耳濡目染之下，她也修得了一颗淡泊心。

小时候，在杨绛的记忆里，父亲杨荫杭很少带她们姐妹去拜访老友，但有一次例外。

那次，杨荫杭的一位朋友邀请他们一家去做客。这位朋友办事周到，为了杨荫杭一家方便，他还特意派了车过来接。当时杨绛年龄不大，从没坐过车，她和小姐妹们一样，都觉得坐车很新奇，不免有些兴奋。而到了父亲的这位朋友家之后，她才发现车并不算什么。与她家不同，父亲朋友的家富丽堂皇，很是阔气，这里不但有别致的洋房，更有漂亮的花园，不但有精致的装修，更有体面的仆人。

大约在每个小女孩的心里都是有个童话的，童话里有城堡和王子，有快乐幸福和无虑无忧。这次到父亲的朋友家，杨绛姐妹几个似乎见到了那种梦幻的童话城堡，这一切对于她们来说都是新奇的，以至于回到家之后，她们还为此兴奋地不断感慨。

孩子的世界，是单纯的。

也许在几个年幼的孩子心上，她们心心念念放不下的，只是一种于她们而言相对特别的生活环境，而非繁华背后的物质富足。于名利、贪婪、奢靡、荣华认识不深的她们，也许根本不懂欲望的浮躁不安，更不知晓那些光鲜的物欲下，涌动着怎样的现实洪流。

但是，杨荫杭却不想她们被这些物质迷了眼睛。

纸醉金迷、醉生梦死的日子固然奢华安逸，却也是最腐蚀人心，腐蚀人的意志的。贪图一时的享乐只会迷失了自己，在梦醒时分只会丢掉安稳，让自己狼狈不堪。

那不是杨荫杭希望看到的。

他的孩子也许不能享有高官厚禄、家财万贯，但他希望她们能保有纯粹的本心，于繁华中不乱，于贫寒时不悲。

所以，就在杨绛姐妹几个谈得高兴时，杨荫杭走过来语气平淡地说："生活程度不能太高。"

这简简单单的几个字，杨荫杭不是随便说说的，这是他教给孩子的生活态度，更是他自己的人生信条。杨荫杭一生都过着节俭的生活，不为富贵名利迷了眼。他恬淡、理性、不求、不争，在杨绛和世人的眼中，他是一个淡泊无忧、不染尘埃的人。

杨荫杭想以身作则给孩子们树立一个榜样。

杨荫杭深深地影响了杨绛，他的那句"生活程度不能太高"烙印在了杨绛的脑海里，指引了她一生，让她活得从容优雅。

杨绛也有一颗淡泊之心，而且这种淡泊心性，早在她高中时期就初露端倪了。

当时，高中的国文老师在班上讲诗，课后便让学生们效仿着作诗。

杨绛自幼便跟着杨荫杭一起读书，对诗词甚是喜爱。长久的学习积淀，以及在杨荫杭身边耳濡目染下渐渐修得的人生态度，让才思敏捷的她一挥而就，其中有一首名叫《斋居书怀》的诗就被校刊选登了。

"世人皆为利，扰扰如逐鹿。安得遨游此，翛然自脱俗。”

天下熙熙皆为利来，天下攘攘皆为利往。人的一生仿佛很难逃开一个“利”字。可当时年纪不大的杨绛，却于纷乱的利欲世界中持有着超凡脱俗的心境。

心中没有物欲，自然也没有喧嚣浮躁。

她还不曾阅尽千帆，体会人生的起落跌宕，更不曾饱经沧桑，经历岁月的无数沉浮。但是，她有一颗宁静的心，有淡泊的性情，这宁静淡泊让她人淡如菊、安之若素，让她轻看红尘、不染俗气。

国文老师也不曾想到，如此境界的诗竟出自一个女学生之手，因而惊叹不已，忍不住批道：“仙童好静。”

杨绛的心的确是静的，而且这种静，陪她走过了整整一生。

一直到许多年后，杨绛三里河南沙沟的家中，仍然不见装修，也不见奢华装饰和家具，偌大的居室里只能看到书架，还有书架上摆得满满的书。这就是杨绛的家，更是她的书城世界，这里简朴而纯粹，亦如她的心，淡泊平和、简单自在。

杨绛之所以能如此，大抵归于父亲当初的教诲。

杨荫杭用他的高洁构建了一个充满爱的世界，他用自己全部的爱给予杨绛教诲和温暖。他的一字一句，教会了杨绛知识和道理；他的一举一动，塑造了杨绛的心性和品格。

杨绛是淡泊的，她的生活简单而朴素，但杨绛也是富有的，她的精神世界充盈而富足。

杨绛从来不追求物质生活，奢侈奢华于她看来只是一种累赘，与其去在意那些事情，她宁可一心只读圣贤书。书中自有黄金屋，精神世界的高屋大厦、喧嚣车马才是真正的华贵。

生命有时候很奇妙，有些人刻意追求某样东西，却终其一生求而不得，而有些人看淡浮华，从不渴求什么，可那些美好和灿烂，却总在淡泊娴静中不期而至。

于名于利，杨绛从不奢求，与之相比，她更渴望知识。

她和钱钟书是一样的，低调处世，从容生活。

从杨绛的《称心如意》《弄真成假》，到钱钟书的《围城》，这对文坛上耀眼的并蒂莲花摇曳生姿，已然绽放华彩，声名显赫。可是，比起去经营、享受那些虚名荣耀，他们两个人都更愿意将时间花在做学问上。为了静下心来读书，杨绛和钱钟书常常闭门谢客，能不参加的场合就不参加，能不见的人就不见。

因为疏于与外界打交道，他们不免被人说成清高傲慢、孤芳自赏，可是他们自己心里明白，名利浮华没有让他们迷失自己。相反，他们都很清醒，宁静的书海，早已将他们的心涤荡得清澈而纯粹。他们没有因为一时的成功而洋洋得意，相反，他们能看到自己的不足，更能看到前进的方向。

他们只是将时间花在了更有意义的事情上。

杨绛和钱钟书超凡脱俗，无欲无求。如果非要说，人在这世上总归是有所求的，那他们所求的，或许就是这份淡泊的宁静。

对于外界的评价，杨绛总是付之一笑，从不争辩什么，就如她翻译的英国诗人兰德《生与死》中说的一样："我和谁都不争，和谁争我都不屑。"

杨绛的确是不争的。

于非议不争对错，她淡然冷静；于名利不争得失，她淡泊优雅。杨绛从不争什么，她只做自己想做并且认为对的事。

因为翻译了《堂吉诃德》，并且围绕着整本书发表了一组论文，阐述整部作品的艺术价值和存在意义，杨绛被推举为中国翻译家学会的理事，并多次收到西班牙驻华大使的邀访西班牙的约请。

低调的杨绛并不喜欢这些，她一直都礼貌拒绝，直到推脱不过才接受邀请。

钱钟书离世后，杨绛按照他重病时一家三口的约定，将她和钱钟书全部的稿酬都捐赠给母校清华大学，设立

"好读书"奖励基金，希望能够资助那些成绩优异却家境贫寒的学生，让他们能够继续读书，看到她和钱钟书所看到的美好世界。

杨绛的举动，震撼了整个教育界。

但于杨绛而言，那些声名并非她所求，她想要的不过是在自己不多的时光里完成她和钱钟书约定，了却还未完成的事。

心有淡泊，尘埃不落。

杨绛有一颗淡泊心，她的心澄澈纯粹，不为浮华侵扰，她活得简单而自在。

风雨时仰起头，不畏时光。

辉煌中放下欲，淡泊岁月。

有欲苦不足，无欲亦无忧。愿你能和杨绛一般，有一颗淡泊心，无欲无忧，于山重水复流年里，得一份安闲自在，于锦绣繁华的时光中，得一份豁然超脱。

面对需要勇气，拒绝遵从心意

“拒绝”两个字说来简单，但一旦将它置放在现实中，却是一件并不容易的事。

人情世故就像是个巨大的牢笼，将我们束缚其中。很多时候，我们明明不愿，却又不得不顾及着颜面，思量着后果，我们不屑于找借口搪塞，却又忙于找理由推脱。实在没有办法的时候，我们只能选择勉强自己，让自己妥协。

拒绝的话就在嘴边，为什么会那么难说出口？

那是因为我们顾虑太多，却忘记了遵从自己的心意，从心而活。而杨荫杭告诉杨绛的则是：拒绝不需要借口，要有勇气坚持做自己。

那是杨绛十六岁的时候，当时，她在苏州振华女校读中学。

时值战乱，动荡不堪，北伐的战事打得不可开交，学校的学生会也会选出一些学生去街上搞爱国宣传，向路人演讲。

许是样貌出众，又满腹才情的原因，杨绛被选中了。

在当时的苏州，时常会有轻狂人欺负女孩子的事发生，对于一个女生来说，如此抛头露面，在众人面前侃侃而谈，声嘶力竭地呐喊，其实很危险。更何况，素来喜欢低调的杨绛本也不喜欢做这种事。所以，被选中的时候，她近乎本能地想要拒绝。

那时学校有这样的规定：如果被选中的学生家里不赞成的话，可以不参加任何对外的活动。

这无疑是一块好的挡箭牌。

不愿意参加这些活动的杨绛便想以此为借口，拒绝这份差事。只是让杨绛没想到的是，当她回家和父亲说起这件事，问父亲能不能说家里不赞成的时候，父亲却拒绝了，而且拒绝得很坚定，没有任何回旋的余地。

是杨荫杭不疼惜杨绛吗？

当然不是。相反，正因为杨荫杭爱杨绛爱得深沉，他才更要拒绝。

人的路终归是要自己走的，即便是父母，他们能带着我们走一段路，却不能帮着我们走一生。在人生路上，少不了磕磕绊绊，更少不了艰难险阻。在遇到问题的时候，我们寻求别人的帮助，这是一种本能，而自己勇敢地面对，巧妙地解决掉困难和麻烦，却是一种本事。

杨荫杭希望杨绛能够迅速成长，希望杨绛能有这种本事。

生活自来都不是一帆风顺的，阴雨连绵、骇浪惊涛、山拦水阻、黑暗跌宕，这些都是人生路上可能会遇到的。若杨绛能拥有自己面对困难、解决困难的本事，那她以后的生活会更容易，也会更自在。

杨荫杭不希望杨绛找借口，更不想她逃避，他希望她能勇敢地面对。

所以，杨荫杭义正词严地告诉杨绛说："你不肯去，就别去，不用借爸爸来挡。"

杨荫杭的话让杨绛不免有些委屈，她告诉杨荫杭："不行啊，少数得服从多数呀。"

杨荫杭又答："该服从的就服从；你有理，也可以说。去不去由你。"

为了给杨绛信心，杨荫杭还特意讲了自己的一段故事。

杨荫杭担任江苏省高等审判厅厅长时，张勋闯入了北京。江苏绅士们纷纷联名登报，以此来表示对张勋的欢迎和拥戴。杨荫杭的一位下属为了阿谀奉承，便在杨荫杭没有同意的情况下，擅自将杨荫杭的名字也加了进去。若是换作旁人，事已至此，即便心里不情愿，也只能忍着，让事情不了了之了。但“唯器与名，不可以假人”的杨荫杭，不愿如此。

很快他就在报纸上登了一条大字启事，以声明自己并没有欢迎张勋。

杨荫杭的做法引起诸多人的非议，很多人都说他太过死板，不通人情世故。

的确，杨荫杭刊登大字启事的举动有些刻板僵硬，不通人情，换到现在，或许还会被贴上“情商低”的标签。这些道理，杨荫杭不是不懂，只是，与顾全人情世故相比，他更愿意顾全自己的意愿，守住自己的原则和坚持。

为了讨好别人，打破原则，进而失了本性、丢了本心，那样的人生即便周围皆是欢声笑语、朋友围绕，但内心必然是空虚的。那样的日子，也会如日渐凋零的花一样，娇艳不再，只剩下零落成泥、堆为尘埃。

杨荫杭希望杨绛能抛下借口，勇敢地面对，哪怕拒绝不易，但也要坚定地守着自己的原则和本性，从心而活。

做自己认为对的事，拒绝自己不愿做的事，这是对自己的一种尊重。

人活在世，活得圆滑，能够游刃有余地周旋在众人之间，混得风生水起，算是一种能力。但敢于表达自己的内心，敢于坚持做自己，同样是一种能力。而且后者更为难能可贵。

杨荫杭希望杨绛能有这种能力，希望她能无所畏惧，活得恣意。

讲完故事后，杨荫杭还郑重地对杨绛说：“你知道林肯说的一句话吗？Dare to say no！你敢吗？”

“敢!”这一个字，杨绛说得掷地有声。

第二天，杨绛到了学校，便在所有同学、老师的注视下鼓足了勇气说：“我不赞成，我不去。”

杨绛的拒绝，为她免掉了之后的诸多麻烦。

很多时候，拒绝比接受更难。遵从自己的心意而活，坚持做自己，并且坦然地将自己的想法说出来，其实并没有说得那么容易。

面对和坚持，表达和拒绝，都需要勇气。

有个词叫瞻前顾后，思量得越多，勇气似乎就会越不足。我们将所有的人情指标和后果都各设权重，以便不断对比，做出更有利的选择。只是在所有的指标中，我们自己意愿的权重却低到可以忽略不计。

我们害怕拒绝会让人情脆弱，担心拒绝会辜负期待，我们压抑着内心的想法故作镇定，带着不情愿的笑一步步妥协。我们以为这样就能够换得理解和友善，殊不知，宽容到软弱只会换来别人变本加厉地索取，失去自我。反倒是坦然面对，合理地拒绝，勇敢地表达，才能换来珍惜和尊重，才能逃离羁绊，肆意自在。

杨绛是有这种勇气的，并且，这种勇气伴随了她一生。

当年父亲的一句“去不去由你”，一句“Dare to say no”，成为杨绛人生路上的指引，让她受益无穷。

在之后的岁月里，杨绛拒绝过很多次。

她曾因为不想太过仓促地决定婚姻，而拒绝钱钟书的订婚要求；她也曾不想过于高调、受人瞩目，而多次婉拒西班牙驻华大使对她发出的出访西班牙的邀请；她曾在解放前，和钱钟书一起强势地拒绝去往台湾任教的邀请；她也曾在年过期颐的时候，拒绝中贸圣佳公司对他们一家三口稿件和书信的拍卖，坚定地守护岁月流年。

在杨绛的心里是有原则和底线的，她清楚自己对是非对错的判断，也清楚自己的愿与不愿。

杨绛是个有勇气的人，她敢于面对，也敢于拒绝，她遵从自己的心意而活，坦荡而恣意。

那么你呢？你准备好勇敢地按自己的心意而活了吗？

第二章

遇见了，便好好爱

和煦春风带来了他的『蔚然而深秀』，暖暖阳光送去了她的『缅眼容光忆见初，蔷薇新瓣浸醍醐』。眉眼相对时彼此浅浅的笑意，印刻在记忆深处，自此以后，清风细雨、繁花落叶、古琴锦瑟、孤舟淡酒，一切都是你。

守着心，等一个对的人

讲杨绛和钱钟书的爱情故事，一定避不开一个人，那就是费孝通。

说来，费孝通与杨绛相识很早。

1920 年，费孝通随家人搬至苏州，在母亲的安排下，不情不愿地进了苏州振华女校，成了女校当时唯一的男生。

那时，他与杨绛同班。

杨绛学习成绩优异，很快就吸引了费孝通的目光。

青葱年少，青涩懵懂，那大抵是最纯粹的感情，纯粹到有些小心翼翼，不敢提及，不敢触碰。

后来，费孝通和杨绛一起考进了东吴大学。

本就优秀的杨绛吸引了更多男生的目光，人说杨绛相貌好、年纪小、功课好、身体健康、家境好，是校花级别的

“女神”。

大约是有了危机感，费孝通的感情也发生了微妙的变化。

他曾当着追求杨绛的男同学的面宣布：“我跟杨季康是老同学了，早就跟她认识，你们追她，得走我的门路。”

挡下了桃花千朵，费孝通自己终于也开始主动了。

两个人相识多年，家庭条件相当，即便不是严格意义上的青梅竹马，也算了解彼此，是真真正正的近水楼台。当时周围的人都以为他们在一起了，因为大家似乎找不到他们不在一起的理由。

可是杨绛心里清楚，费孝通只是她的友人。

旧式的婚姻看重门当户对，可她向往的爱情，却是心的悸动。

她要的是爱，而不仅仅是彼此合适。

青春岁月，青涩年华，说起来那时候的小时光，似乎总带着些月色迷离、琴声幽婉，爱意萌动的情话更像是缠绵缭绕的锦瑟，在风中、在梦里都能跌宕出醉人的绯色。

在那样美好的年纪，守住心只为了等一个对的人，这并不容易。

可杨绛做到了。

费孝通认为自己是最适合做杨绛男朋友的人，他曾问杨绛：“我们做个朋友，可以吗？”

杨绛回应得很直白，甚至可以说决绝。

她说：“朋友，可以，但是朋友是目的，不是过渡。换句话说你并不是我的男朋友，我也不是你的女朋友。若要照你现在的说法，我们不妨绝交。”

后来，他们依旧是不错的朋友，但也只是朋友。

清淡如水，不起情丝。

哪怕钱钟书过世后，费孝通来拜访，杨绛送他下楼时的话依然是：“楼梯不好走，你以后也不要‘知难而上’了。”

这一点，自始至终，从未变过。

没有人能构想出另外一个情景，如果杨绛和费孝通走到了一起，结果会怎样。但是，所有人都看到了，她等来了对的人。

是那个让她“一眼误终身，一守即一生”的对的人。

那就是钱钟书。

其实，杨绛在见到钱钟书之前，早就对他有所耳闻。

好友蒋恩钿在清华读书，在写给杨绛的信中曾多次提起钱钟书，对他赞不绝口。

大约那时杨绛的心里就住进了那个数学只考十五分，可写起文章来却能纵横捭阖，臧否人物毫不遮拦的钱钟书了。

他们缺的，只是一个认识的机会。

好在，姗姗来迟，总归不是太迟。

后来，杨绛曾回忆第一次在古月堂见钱钟书的情形，她形容他是“蔚然而深秀”。他身着青布大褂，厚底布鞋，黑框眼镜，瘦瘦高高的，是标准的书生模样。

而钱钟书心中初相识的杨绛，则是：缬眼容光忆见初，蔷薇新瓣浸醍醐。不知靧洗儿时面，曾取红花和雪无？

大抵是因为真的爱，才能让彼此初见的样子在时光印记中长存不朽；也大约是因着遇到对的人，才能让“人生若只如初见”的梦幻沾染了人间气息，成为现实。

从初见的刹那惊鸿，到病榻上生死离别，他们彼此的模样，似乎都未曾变过。

有人曾问：人这一生，究竟会爱几个人？

大抵因为人本多情，所以这看似简单的问题，却从来没有过一个标准答案。

可能这也怪不得谁。

毕竟，在开始的时候，谁都会梦想那个执手的白月光就是一生一世一双人。只是走到岁月不温柔，才恍然发现，当初自以为的月老红线只不过是风中飘荡的情丝。十指相扣，扣错了人。于是开始黯然神伤，潸然落泪，然后决绝地不回头，在仓皇无措中拼命地去寻下一个人，再下一个。

满心痴情，惶惶然成了滥情。

说不爱吗？那时他们也曾相思成灰，为伊消得人憔悴。

说爱吗？最终，曾许诺的“白首不相离”都如零落红泥，跌进了尘埃里。

一样的爱情伊始甜如蜜，有人迎来的却是不一样的结局。杨绛与钱钟书相守一生，而有人则觉得感情恍然如梦，梦醒只留下心痛。

到底谁错了？

或许谁都没有错。只怪时光太美，月色撩人，玫瑰太香，酒色迷离，这些让人痴狂，让人忍不住想去品尝。

也或许都错了。错在了开始得太快，把桃花扇下清风舞的惊鸿一瞥当作了此情永恒。

一个人，只有一个一生，哪能那么轻易就慷慨相赠？守着自己的心，等待对的人，或许只有这样，才能一生一世一双人。

只是，等待或许是最折磨人的。

寂寞空庭，梨花满地，寒月清风，倩影婆娑，一季又一季的岁月轮转犹如秋水袭心，冲击着对等待的执着。

可是我相信，守着心等待那个对的人，宁缺毋滥的坚持大抵都不会太坏。

就像杨绛。

在感情的世界里，有一个词叫暧昧。

它像是一株绯色的罂粟，于娇艳欲滴中释放着诱惑，更于清冷孤寂时，侵蚀着理智。太多人被暧昧蒙了双眼，以为一段缱绻便是一生缠绵，到头来才发现，暧昧不过是一个营造了声色犬马迷离梦的骗子，贴着“爱情”的标签，骗了守不住心的人。

杨绛的感情里，是没有暧昧的。

她用直白和决绝包裹了心，守住了情，等来了对的人，与之相守一生。

或许有人会说：即便等，等来的也未必对。

也对。不走到最后，谁都无法知道结局如何。

但我想说：花香怡人撩动着寂寞人心的时候，别轻易开始；生活辗转碾压着我们去怀疑身边人是否真的对时，别轻易放手。这样，大约就已经不负岁月，不负此心了。

岁月辗转，人易苍老。

希望临到老时，当有人问你“人一生会爱几个人”时，你能牵起身边人的手，笑着回应说“一个”。

亦如杨绛，一次牵手，便是一生。

遇见，便不想再与你走散

有人计算，人这一生大约会遇见三千万人。

喧嚣的城市，茫茫的人海，我们匆匆而行，在人潮中擦肩而过，互成彼此的过客，不复相见。

匆匆流年，遇见、相识、相知、相恋，携手而行，得一生终老……

这一切，都是难得的缘分。

有人说，世间所有的相遇都是久别重逢。缘分有的时候很奇妙，兜兜转转，该遇见的终究会遇见。

杨绛和钱钟书的缘分便是如此。

那时杨绛八岁，她随着父母坐着轮船，在摇摇晃晃地飘荡中，从北京回到了无锡老家。海上的颠簸，让一家人精疲力竭，所有人都想快点儿安稳下来。那时候，杨荫杭决定不回家中的老宅居住，而是新找一个地方来安家。

或许，缘分真的是天注定。

它就在那儿，不声不响，不喜不惊，在有意无意中将两个天南地北毫不相干的人联系到了一起。

你不来，它不散。

杨荫杭一家找房子的时候，一位亲戚介绍了一座房子，杨荫杭和唐须嫈得了消息，带着杨绛去看房子。

当时在那房子住的，正是钱钟书一家。

缘来人聚，缘去人散。杨荫杭最终并没有选择钱家的房子，这事儿没了后续，杨绛和钱钟书也就此擦肩而过。

不过，他们的缘分并没有就此搁浅。

正如杨绛母亲唐须嫈说的那样："阿季脚上拴着月下老人的红丝呢，所以心心念念只想考清华。"

杨绛有清华梦，一心想要考清华大学。

1928 年，杨绛准备报考大学，那时她心心念念的清华开始招收女生。不过可惜的是，学校并不到南方来招生。杨绛为此伤心失落过，最终，她选择就近报考了苏州的东吴大学。若是一切按部就班，那么直到顺利毕业也不会有后来的故事。或许是上天想让他们遇见，所以有了很多意外安排。

到杨绛大四那一年，东吴大学陷入了停课状态。眼看着快到了毕业的时候，学业却无法继续，杨绛和几个好友觉得一直这样下去不是办法，便结伴参加了燕京大学的借读考试。

他们全都通过了考试，只是，杨绛因着心里放不下清华，最终转头去了清华大学。

兜兜转转三年多，杨绛还是走进了清华大学的大门。

大约这世上最好的缘分就是：我于茫茫人海中穿梭，只为寻到你，而你刚好在等我。

杨绛到了清华，实现了人生梦想，也获得了人生最大的馈赠。

那是三月里一个阳光和煦的日子，在孙令衔的牵引下，于古月堂外，她遇见了钱钟书。

那天钱钟书身穿一套青布大褂，脚上穿着一双毛布底鞋，戴着一副圆框眼镜，目光炯炯有神。他开口便能侃侃而谈，言语间不乏机智幽默，他身上带着儒雅气质，满腹才情无从遮掩……

这样的钱钟书，在幼时的擦肩而过之后，又重新站到了杨绛面前。

后来被问及是否对钱钟书一见钟情时，杨绛回应说：“人世间也许有一见倾心之事，但我无此经历。”

即便杨绛从未承认，可是那次遇见却将钱钟书的模样烙印在了她的脑海里，他眉宇间的“蔚然而深秀”更成了她一生的记忆。

细说来，杨绛和钱钟书的缘分算是极深的，但是，再深的缘分都有可能被误会吞噬，而后让感情跌进尘埃里，从此桥归桥，路归路。

杨绛和钱钟书初见过后，也有一场乌龙误会。

杨绛和钱钟书见过之后，便分别和孙令衔打听对方，但是孙令衔告诉杨绛，钱钟书已经订了婚，同时他也告诉钱钟书，杨绛有男朋友。

名花有主，芳草有根……

这几乎断了杨绛和钱钟书的希望。

其实，孙令衔口中杨绛所谓的男朋友是费孝通。虽然费孝通也曾主动向杨绛表达过心意，但是她并没有答应。在她看来，费孝通是朋友，但也只是朋友，君子之交，清淡如水。即便在所有人眼中，他们的一切都很般配，可她知道，他们之间没有更进一步的可能。

而孙令衔口中钱钟书的订婚更是一场误会。

钱钟书家有个远房表姑，人称“叶姑太太”，叶姑太太有个养女，名叫叶崇范。叶姑太太很欣赏钱钟书的学识，便有意撮合他和叶崇范。对于这门亲事，钱家人是同意的，只是钱钟书本人并不同意。

爱情总是在沉默中让误会加深，从而一错再错，最终变成错过。

误会本身其实并不可怕，可怕的是，在误会产生后，我们没有解释的机会。

钱钟书的心里根本放不下杨绛。

在遇见她之前，对于与叶崇范的亲事，钱钟书从未想过解释。可是，在遇见她之后，他急于澄清。就算他们之间再无可能，可他不愿让她误会，更不愿就这样在误会中走散。

钱钟书给杨绛写了信，约她在工字厅见面，他想为自己争取个机会。

我想，等待时，人们大概都是忐忑的。

在等待杨绛出现之前，钱钟书大约已经在心里一遍遍地默念自己想要对她说的话，所以才能在看到她的那一刻，话语便脱口而出："我没有订婚。外界传说我已经订婚，这不是事实，请你不要相信。"

杨绛听到这话时，心里应是开心的。

因为，她和钱钟书不是缘浅，而是误会太深。

三月的阳光照进了心里，扫去了所有的灰暗阴霾。我想那时杨绛应该是眉眼带笑，却又语气认真地告诉钱钟书："我没有男朋友。坊间传闻追求我的男孩子有孔门弟子'七十二人'之多，也有人说费孝通是我的男朋友，这也不是事实。"

仅这两句话，他们之间所有的误会全部烟消云散。

这世上大约从来都是不缺误会的。

我们没有上帝视角，因此，我们无法看到事实的全部。太多的时候，我们看到、听到的人和事，都只聚焦在表面的一个点上，这微小的一点可能与事实的全部有很大出入。

我们误把一点当成全部，误会也由此产生。

杨绛和钱钟书之间的乌龙，便是例子。

有人说：误会，对人生是一种残酷的考验，对生活是一种可怕的威胁。这话有它的道理，再好的天定之缘，也经不起误会的消磨。太多的时候，并非我们缘分不够，而是误会在作怪。

但我更相信，追其本源，误会不过是一种暂时的假象。它并非事实。

我们之所以会被误会蒙蔽，其原因不外乎不沟通、不理解、不信任，但只要我们往前稍稍走一小步，只要我们尝试着去开口解释，尝试着去理解，尝试着去看它不一样的面，假象可能一戳就破。

正如杨绛和钱钟书，他们只是在误会产生的时候各自往前走了一小步。可是，误会消除后，他们得来的是一生的相伴。

茫茫人海，相遇不易。

愿我们珍惜每一段遇见，也愿所有的缘分都不会被误会冲散。愿你能够找到那个可以沟通，能够理解你、信任你的人。也愿你爱得勇敢，面对磨难，敢于向前。

别让误会使缘分搁浅，往前一小步，并不难。

你准备好了吗？

因为爱，所以勇敢

在爱情里，我们是需要勇敢的。

也许飞蛾扑火、不顾一切的爱情太过决绝，算不得对，但是，只将自己禁锢在安全的角落里，奢望着爱情温暖，却不敢勇敢地去爱，那也是错。

杨绛便是那样一个敢爱的女人。

为了爱情，她能义无反顾，无怨无悔。

1935 年，钱钟书在光华大学任教两年期满，完成了国内的服务期后，便决定参加出国留学的考试。当时参加留英考试的一共有二百多人，但能被录取的却不过二十人。

钱钟书是优秀的。他的优秀不只在于他文采飞扬，能够将情书写得情意缱绻，更在于他能将自己想做的事做到最好。

钱钟书的出国留学考试很顺利。

这仅被录取的二十人中就有钱钟书，而且，他还是总成绩最高的那一位。

拿到录取通知书后，钱钟书第一时间将好消息告诉了杨绛，并表示希望她能陪自己一起出国。

钱钟书的想法，其实并不难理解。

“一日不见，如隔三秋”，钱钟书是受不了长期分离的思念之苦的。同在一起的时候，他都会不断地给杨绛写信，以表达自己片刻不能停下的思念，若是真的远隔重洋，许久不能相见，他那满腔的思念怕是能直接将他淹没了，哪还有心思去做学问？

距离产生美，这话说来好听。但事实上，再多的甜言蜜语终究抵不过一个拥抱温暖，再好听的“我爱你”，也远不如“我在”来得踏实。

钱钟书想要杨绛和他一起出国，想让她陪在自己的身边。

她在，他的心便有归处。

这些，杨绛也懂。

只是她的现实状况，让她不免有些为难。

当时，杨绛在清华的学业并没有完成，若是选择出国，就必须休学。在清华读书是她当初的梦想，离开就意味着她的梦想要暂时被搁浅。

爱情和梦想，同样都是美好的，它们如花般绚烂，让生命多彩。

只是现实却总爱和我们开玩笑。

不知道何时起，现实让这两个本不应该对立的事情，在岔路口走向不同的方向，我们想要鱼和熊掌兼得，可现实却让我们不得不做出选择。

杨绛也面临着这样的选择。

有人说，这样的选择很难。因为选择，就意味着必然要有所取舍。

心灵悸动、爱意情浓，甜进心里的爱情，让人无法放手；梦想华丽、初心难忘，广阔蓝天正等着她去飞翔，却偏偏要停下，不免让人心生哀凉。

爱情和梦想，舍哪个都是切肤之痛。更何况，现实还在为纠结加码。

当时的清华研究院里，唯独杨绛所就读的外语部不能往外输送留学生，这也就意味着，如果出国，她必须选择自费。当时，杨绛的父亲杨荫杭已经年迈体衰，还有一家子需要养活，几个兄弟姐妹又分散在各地，聚少离多，这些都更加深了杨绛对家人的不舍。

但是，即便这些客观现实拉扯着杨绛的脚步，她还是选择了和钱钟书一起出国。

她选择了爱情，并且义无反顾。

因为杨绛很清楚，书香门第出身的钱钟书，自小生活优渥，对于诗词文章，才情满腹，可以侃侃而谈。但对于日常生活，琐碎细节，几乎一窍不通。

如钱钟书说的那样，在生活上他是笨拙的。

她随着钱钟书一起出国，也许未必能帮他解决掉所有来自生活的麻烦，但是，至少能帮他料理一些琐事，让他过得更舒适、更安逸一些。

在异国他乡，想让钱钟书过得好一点儿，这就是杨绛朴素而深沉的爱。

杨绛很少在信上书写蜜意情浓，可她的爱很踏实。

爱了，就要勇敢些。

不去权衡利弊，也不去纠结结果，哪怕有所舍，可杨绛还是毫不犹豫地做了选择。

那年夏天，杨绛和钱钟书举行了婚礼。自此，她再也不是那个可以依偎在父母怀中撒娇的阿季了，她是钱家的媳妇，是钱钟书的妻子。之后，杨绛便坐上了远洋轮船，和钱钟书一起去了英国。

因为爱，所以勇敢。

杨绛选择放下一切，随钱钟书出国，她走得义无反顾。可她真的一点儿遗憾也没有吗?

也不是。

杨绛也是有遗憾的，而且是一生都没有办法弥补的遗憾。

从 1935 年 8 月出国，到 1938 年秋天回国，细细算来不过三年。对于人的一生来说，三年或许真的很短，可就是这短短的三年，让杨绛和母亲再也没能相见。

这世上最远的距离，不是生离，而是死别。

1937 年的 11 月，杨绛的母亲在躲避日寇时在乡间患上了疟疾，不幸离世。杨绛不但没能见到母亲最后一面，甚至连母亲逝世的消息也是许久后才知道的。

杨绛曾这样写道："这是我生平第一次遭遇的伤心事，悲苦得不知怎么好，只会恸哭，哭个没完。钟书百计劝慰，我就狠命忍住。我至今还记得当时的悲苦。"

杨绛爱得勇敢，但也有饱含热泪的时候。

可她后悔吗？

我想，遗憾和后悔，于杨绛的这段选择而言，是两个截然不同的概念。

杨绛出国留学期间，国家动荡，家人颠沛流离，以至于未能见到母亲最后一面，抱憾终生。可是，于与钱钟书出国这件事本身而言，她应该从未后悔过。因为她最初想要的都已实现，她和钱钟书生活得很好，他们的爱情也日渐加深。

杨绛没有辜负自己最初的勇敢，同样，老天也没有辜负她。

陪伴，是最长情的告白。

出国是杨绛和钱钟书相互陪伴、携手走人生路的开始，那是一段绮丽的岁月，此生难忘。在那之后，他们更带着爱情相伴走完了整整一生。

其实，人生本就是惊喜和意外并存的。

我们所做的每一个选择，都可能伴随着诸多的如意和不如意，那些美好的可能让你笑得开怀，而那些不美好的则可能让你痛哭流涕。只是，不走到最后，我们永远都不会知道接下来迎接我们的到底是什么。

与其在起点就纠结之后的对错、得失、成败、喜乐，纠结那些不可控也不可预料的东西，以至于与真爱错过，那倒不如让我们简单一点儿。

既然爱了，就勇敢一点儿。

勇敢地去爱，也坦然地接受所有结果，这或许就是迎接爱情最好的状态。

愿你有最好的状态，也愿你拥有最好的爱情。

就像杨绛那样。

我不想抱怨，我只想抱你

生活不如意事十之八九，心有失落，那是在所难免的。

有人面对失意会喋喋不休地抱怨，仿佛只有这样，才能宣泄自己心中的不甘。可殊不知，抱怨从来都是无用的，那些说出口来的不情愿，根本不能扭转乾坤，亦不能给我们想要的东西。相反，它会让负面情绪不断释放，而后如泥泞的沼泽一般将我们吞噬。

抱怨像个囚牢，会将我们锁在里面，让我们沦为负面情绪的囚犯。

一个只有负面情绪的人，是很难快乐起来的；一个心里只有黑暗，近乎崩溃的人，也很难逃离囚牢、重新开始，得到自己想要的一切。

余生很长，一时的不如意代表不了永远，我们应该将目光放远，将心放宽。

杨绛就是个理智、乐观的人，她不爱抱怨。

于杨绛来说，留学生活是平静、自由、幸福的。在那段时间里，她不但读到了书，学到了知识，丰盈了自己的头脑，得到了自己想要的一切，而且和钱钟书还迎来了爱情结晶，得到了愈发稳固的感情。

在那段岁月里，杨绛收获颇多。

可你或许不知道，杨绛的留学生活也是从不如意开始的。

钱钟书是通过考试来到英国的，而且享受公费的学习待遇，根据之前考取的专业安排，他进入埃克塞特大学攻读文学学士学位，一切都安排妥当。与他不同，杨绛所有的一切都需要自己去办理。当然，这并不是她所在意的，让她难过的是，因为学生名额已满，她没有办法选择自己心爱的文学方向，只能退而求其次，当个旁听生。

杨绛心里一直揣着文学梦，她也一直为此努力着。本来留学深造是个极好的机会，能够让她在文学领域更上一层楼，可偏偏就这样错过了，她心里不免失落。

只是，失落也仅仅是失落，她从未有过抱怨。

杨绛是理智的，她很明白什么是现实。

当时父亲杨荫杭患有高血压，身体不是太好，他还有一大家人需要养活，生活十分不易。出国在外，她没办法守在父亲身边陪伴他并照料他。杨绛心中已经十分愧疚，她不忍心再伸手向杨荫杭要钱来缴纳牛津大学昂贵的学费。

在这样的情况下，当个旁听生已然不易。

如果不喜欢一件事，就改变那件事；如果无法改变那件事，就改变自己的态度。

杨绛知道抱怨无用，所以她坦然地接受现实。更何况，杨绛也清楚自己是为了陪伴钱钟书而来，能够给他一些照料陪伴，她最初想要的已然得到了。不切实际的贪婪只会画地为牢，自己难为自己。

抱怨就像是渴了喝海水，越喝越渴，这不是出路，而是病急乱投医。

杨绛是理智的，她知道自己不能在抱怨里迷失自己，进入恶性循环。虽然没能如愿学习她喜欢的文学专业，可是，她依旧可以找到目标，走上自己想走的路。

杨绛爱读书，读书是她和钱钟书共同的爱好，他们都是“书痴”。

值得庆幸的是，他们所在的大学拥有着一座世界一流的图书馆——博德利图书馆，钱钟书给它起了个外号，叫“饱蠹楼”。这里的藏书量比清华大学图书馆的更大，除了大量外国经典书籍，还有很多极为珍贵的中文资料。

对于嗜书如命的杨绛和钱钟书来说，没有什么比这更值得高兴的事了。

尤其是杨绛。因为是旁听生，所以课程要少很多，时间也更自由。她将这座巨大的图书馆当成了自己的第二个课堂，只要没有课的时候，她就会来这里读书，几乎所有的课余时间她都用在了这里。

读书，进行自我修炼，这就是她为自己找到的目标，为自己觅到的前进方向。

所有的抱怨，其实都是在讲述我们不要什么，可更重要的是，我们要什么。

条条大路通罗马，人生路虽然是单程的，可是通往成功的路却有很多条。如果我们内心足够清晰，知道自己想要的是什么东西，知道自己想过的是什么样的生活，那当一条路走不通的时候，我们还可以去寻找其他的路，然后继续向着我们想要的目标迈进。

努力奔向梦想、奔向成功的人是最忙碌的，他们没时间抱怨。

把时间花在努力上，而不是抱怨上，这就是成功的秘诀。

杨绛从不抱怨，也没有时间抱怨。

她像是一块海绵，在浩瀚的书海里如饥似渴地吸收着知识的养分，充盈自己的头脑，修炼自己的内心。杨绛阅读的范围很广，文学作品、哲学、心理学、历史……所有未知的一切，都像是一个充满魔力的宝藏，在吸引着她，让她产生兴趣。

在阅读中，杨绛得到了精神世界的最大满足，同时，大量的阅读，也在很大程度上提升了她的阅读能力，并让她的文学知识功底变得更为扎实。这些读进去的书成为她智慧和底蕴的源泉，成就了她的满腹芬芳。

木有根，水有源。在这之后，杨绛的写作能妙笔生花，也是源自最初的努力。

播种和收获不在同一个季节，所有的努力都不会被辜负，如果你还没有得到，那可能只是还差些时间。

不抱怨生活的杨绛找到了生活的出路，也得到了生活的馈赠。

钱钟书和她一样嗜书如命，他们在相伴读书的时光中，心靠得更近了。

他们一起在学校的图书馆享受畅游书海的时光，也一起去市里的图书馆挖掘新的宝藏，他们一起分享感悟，在晚上的时候一起回到寓所里，拉上窗帘，对坐读书，“赌书消得泼茶香”。

这些甜蜜的小时光，那些荡在心头的爱情颜色，于杨绛来说已经足够。

杨绛是个不抱怨的人，比起抱怨，她更愿意拥抱生活，拥抱爱的人。

生活处处皆风景，当你为一处的荒芜颓败而抱怨、心灰意冷、走向绝望的时候，倒不如转头去看看其他的地方，那里说不定会有满园春色在等着你去欣赏，那里也许会有一枝红杏等着你去采撷。

放下抱怨，带着笑拥抱世界。

明天一定会更好！

爱情，需要保持清醒

人生就是一次充满未知的旅程，走哪条路，决定着我们将遇到什么样的风景，也决定着我们看风景的心情。我们手握着单程票，踏上人生之旅，从开始的那一刻起就要保持绝对的清醒，以免在“乱花渐欲迷人眼”中迷失了自己。

杨绛是个很清醒的人，她心里很清楚自己想要什么，也明白应该如何做。

在东吴大学上学的第三个年头，之前振华女校的校长王季玉为杨绛申请到了美国韦尔斯利女子大学的奖学金，这无疑是一个出国深造的好机会。

机会的确难得，可是杨绛却放弃了。

因为杨绛想得很明白，奖学金只能负担学费，如果出国留学，那就意味着还需要一笔不小的费用，以担负路费和生活费。家里所有的开销都压在父亲一个人的肩上，生活不易，她不想加重父亲的负担。更何况，她对未来是有规划的，她要继续学习，以后要去清华大学研究院攻读她最爱的文学专业。

放弃一个好的机会，说来是一种遗憾，可杨绛却清醒地知道，放弃是对的。

走在人生路上，我们不免会遇到岔路，要进行取舍。鱼和熊掌不可兼得，取舍也不容易做，但只要我们头脑清醒，只要我们知道自己真正想要的是什么，朝着那个方向走下去，就不会后悔。

杨绛在学业上拥有理智，同样，在爱情里她也有清醒的头脑。

经常听人说，陷入爱情的女人，智商为零。

爱情就像是一壶甘醇芳香的美酒，让人不自觉地在甜言蜜语、你侬我侬中沉醉，以致不知今夕何夕，不辨脚下的路。但杨绛在爱情里依旧是清醒的，她的心中像是有一盏明灯，这盏明灯为她指引着方向。那明亮的灯光穿透了重重迷雾，带她走向更好的将来。

在遇到钱钟书之前，杨绛从未谈过恋爱。

坊间传言她有男友，可事实上她一直是一个人，那颗芳心里从未有谁的影子，更未曾赋予谁。也并非没有人追，相反，追她的人很多。但她很清楚自己想要的是一个什么样的人，哪怕是在旁人看来与她最合适不过的费孝通，也没能迷了她的眼。

朋友就是朋友，仅此而已，绝不可能再进一步。

直到遇上钱钟书，杨绛的心扉才彻底敞开。

杨绛是爱着钱钟书的，可是，这种爱并不会冲昏她的头脑，让她忘乎所以。什么时候该做什么事，应该怎么做才对他们彼此最好，她心里都很清楚。

在杨绛结束了清华借读的生活后，钱钟书便建议杨绛再补习一段时间，考取清华大学研究院，这样的话，他们两个人还能继续同学一年。之后，钱钟书还向杨绛提出了订婚，希望他们的事情能定下来。

诚然，钱钟书的想法说来都是为了他们两个人的感情好，杨绛倒也明白，只是她更明白自己的心。

她很喜欢钱钟书，但是现在就订婚，她还是觉得过于仓促了。至于报考清华大学研究院的事，杨绛也回信告诉钱钟书，她在准备报考的复习，但是因为需要补齐清华大学四年本科所学的知识，所以这事儿一时半会儿也急不来。

路要一步步地走，走得太过匆忙，不但会错过路上的风景，还可能走向错误的方向。

杨绛不想让自己太急，在慌乱中前行。

当时，杨绛已经回了苏州老家，亲戚给她介绍了一份在小学做教员的工作。在杨绛的认知中，这份工作应该比较清闲，这样她就能有很多空闲时间可以自由支配，从而进行补习。可到了学校开始工作后，杨绛才知道自己想得太简单了。她没做过老师，不懂的事情太多了，所有的事情都需要她从头开始一点点学习。

因为工作的压力，杨绛便想把报考清华大学研究院的事儿推后一年。

钱钟书不愿与杨绛分隔两地，遥远的距离拉扯着他心头的相思，那对他来说是一种巨大的折磨。而杨绛想将考清华研究院的时间推后，无疑是在加剧对他的折磨，所以他强烈反对。

为此，杨绛还和他争执了好长一段时间。

在那段时间里，钱钟书还以为杨绛不想跟他继续恋爱了，伤心极了。文人在悲伤难过的时候，满腔情绪无处发泄，便会将其落在纸上。挥毫泼墨，书写心事，因而钱钟书创作了很多伤情的诗，将自己“辛酸一把泪千行”的痛表达得淋漓尽致。

杨绛虽然没有给钱钟书回信，但心中却是十分惦记他。

钱钟书一直坚持写信，将心事说给她听，她也会不由自主地被感动。感情的世界里，一天就可能有四季，风霜雨雪和朗朗晴空的交替，可能都不过是一瞬间的事儿。杨绛有自己理智的坚持，也有爱意深浓时的悸动，本就无关对错的事，自然不会成为他们之间的阻隔。

没多久，杨绛便和钱钟书和好如初了。

经历风雨的洗礼，百花才更娇艳；经历过波澜的感情，才会更稳固。

杨绛和钱钟书两个人的感情也是在跌跌撞撞中前进的，杨绛在爱情里保持着清醒的头脑，她有明确的自我定位，知道这路应该何去何从。

有人说，太过理智的人是没有真正的爱情的，因为他们的爱里缺少了一种情难自已的冲动和激情，他们将所有的因果得失都衡量得太过清楚，少了飞蛾扑火和奋不顾身的狂热，这样的爱算不得真正的爱，他们也没有真正的浪漫。

这种说法自然有它的道理，但我相信，理智也有理智的妙处。

感情归于生活，比之飞蛾扑火，更多的是平淡如水。

余生很长，想要携手一生，光有一时的冲动和激情是不够的，还需要付出、体谅、包容，以及相互扶持，并肩而行。在感情的路上，我们说小心谨慎、步步为营或许显得过于工于算计，可事实上，生活中每一日的琐碎事，就是需要我们去考虑的。我们将脚步放得慢一点儿，将事情考虑得周全一点儿，避免用婚姻去试错，也是对彼此的负责。

钱钟书的爱，杨绛知道，她的心会悸动，那种浓烈的感情也催促着她做出回应。

经过一段时间的相处后，杨绛邀请钱钟书来家中拜见她的父母双亲。

1933 年年初，钱钟书来苏州见了杨荫杭。他急切地想和杨绛在一起，所以在拜见了杨荫杭之后，便邀请了杨荫杭的两位好友做媒人，按照传统方式上门提亲。

这年暑假，杨绛和钱钟书举行了订婚仪式。

对于未来，杨绛和钱钟书都有规划。钱钟书要报考中英庚款资助的公费留学考试，需要两年的社会服务经验，所以他决定去上海光华大学教书。而杨绛在准备了一段时间的功课后，考取了清华大学研究院外国语言文学部。

他们都在为自己的梦想而努力，不断向前。

在爱情中保持着清醒和理智的杨绛，是没有真正的爱吗？

当然不是，否则她也不会在自己学业还未完成的时候，毅然决然地选择陪着钱钟书一起出国。

杨绛不是不爱，只是她爱得更为周全。

就像是她写给钱钟书的信里说的那样：“现在吾两人

快乐无用，须两家父亲兄弟皆大欢喜，我们两人之快乐乃彻始终不受障碍。”杨绛所考虑的不只是一时的情深似海，更是日久天长的柴米油盐，她想要和钱钟书过一生，所以更要保持清醒，不能走错路。

爱情需要热情和冲动，需要奋不顾身，但同样需要清醒。

明确人生规划，掌握一技之长，学会尊重彼此，尝试考虑周全，清醒和理智不会让我们的爱减损半分，相反，它能给我们地老天荒的浪漫。

人生的单程旅行只能来一次，愿你遇到对的人，深情地爱。

想把最美的一切都给你

最初，我们都是感情世界里孤单的行客，在跌跌撞撞中风雨兼程，形单影只，满心寂寥。直到有一天，遇上一个对的人，携手前行，得一生终老。

有人问：什么样才算是对的人？

我想，大约那个懂你、珍惜你，能够与你一起分享这生命中所有的美妙和感动，并且能够与你分担所有苦涩和忧伤的人，就是对的人。

“分享”和“分担”，这两个词似乎一个带着笑，一个含着泪，相距甚远。可在感情的世界里，它们一样动人。因为这两个词的背后，蕴含着同一层深意，那就是：你与我汇聚成了我们，彼此依偎，再不孤单。

遇见钱钟书后，杨绛便从未感受过孤单。

和煦春风和滂沱大雨皆是风景，奇异见闻和老套故事俱是文章，这所有的一切，杨绛都有了分享的人，她不再是孑然一身，她的欣喜和快乐都有了归处。

杨绛是喜欢分享的，一切的美好，她都愿意分享给钱钟书，于她看来那是件幸福又浪漫的事。

1934 年春节，钱钟书专门从上海坐车到清华大学看望杨绛。

虽然在清华读书多年，但是，钱钟书将大多数的时间都用来做学问了，并没有时间去做其他的事，甚至于连北京的风光也没好好看过。他回想说，自己只去过香山和颐和园，而且那还是班级举办的出游活动，匆匆去匆匆回，并没有很好地欣赏风景。

在这一点上，杨绛和钱钟书有很大的不同。

杨绛喜欢探寻新鲜事物。北京是中国四大古都之一，三千多年的建城史，八百余年的建都史，荟萃了自元明清以来的优秀中华文化，极富历史底蕴。那些古韵绵长的历史古迹，那些精彩绝伦的传奇故事，都吸引着杨绛去探索。所以，刚到北京的第一年，杨绛就几乎把整个北京城的景点走遍了。

那些风景，那些故事，都印刻在了她的脑子里。

有人说：幸福是需要与人分享的，否则内心就会像死水那样，水流只进不出，最终一片死寂。

欣赏美景本是件惬意幸福的事，但身边少了一个人，总是不够圆满。

杨绛走过许多路，看过许多风光，为所见所闻哭过笑过感动过，但这些记忆里，都没有钱钟书的影子。她的曾经，钱钟书不曾参与。没有办法让时光倒转，再回当初，但是杨绛想将自己看过的美都分享给他，与他一起再看一遍。这样，虽然他们不曾一起拥有过去，但却一起拥有现在，还有整个未来。

杨绛这么想了，也这么做了。

借着钱钟书来北京看她的机会，杨绛拉着钱钟书一起去了北京许多有意思的景点。她将最美的风景分享给钱钟书，也将那里的故事一一讲给他听。那些风景穿越时光，也许从未变过，那些故事染着灰尘，或许也少有新意，但因为身边多了一个人，杨绛能品出不一样的味道。

陷入爱情的人，大抵都有一颗灼热到无处安放的心，心的温度可以融化一切，那种温暖就叫爱。

杨绛与钱钟书分享的，是美景，是故事，但又不只是美景和故事本身。

她分享的，还有她炽热的爱。

在杨绛看来，能和爱的人一起漫游喜欢的地方，是一种浪漫。岁月也许会让人苍老，但美好的记忆在历经风雨沧桑后，小心翼翼地翻开，它还能崭新如初，泛着最初的情深意暖，不老不朽。这是独属于他们两个人的回忆，是他们两个人共同烙印在时光中的爱的见证。

所以，能与钱钟书分享这些美好的风景，杨绛感到很幸福。

杨绛分享的爱意，钱钟书感受得到。同样，钱钟书也是个乐于分享的人。钱钟书喜欢给杨绛写信，几乎一日一封，他想要对杨绛说的话，似乎永远都说不完，这种爱到殷勤的可爱模样，让人喜欢，又让人心生羡慕。

不同于杨绛和钱钟书，有些情侣是找不到话题的。

最初的时候，或许还有一些闲谈，但日子久了，就变成了对坐无言，无话可说。

在一段感情里，无话可谈是可怕的。因为沉默是冰冷的，起初这份冰冷或许只是让人淡漠、疏离，于相处时多了几分尴尬。但日子久了，被沉默覆盖的悸动会慢慢冷却，而后平淡如水，心上再不起一丝波澜，生活没有了浪漫缱绻，日子也变得了无生趣。

有人问：两个曾经相爱，心靠得那么近的人，为什么会变得无话可说？

我想，究其原因不过两种：不愿分享，以及不愿接受分享。

在很多人的眼中，日升日落的轮回，只是一种单调的重复，每天发生的事大致相似，每天遇到的人也基本相同。所谓的新鲜事不过是些鸡毛蒜皮的小事，说一次两次听听还觉得有些意思，可说得多了、听得多了，就只剩索然无味。

如此，说与不说，听与不听，似乎也就没什么分别了。

杨绛和钱钟书彼此通信，永远都有话可说，是他们的生活太过轰轰烈烈，比我们这平淡的小日子更多了几分跌宕起伏吗？也不是！说来钱钟书写给杨绛的信，也并非封封都是惊天动地、轰轰烈烈的故事，爱情归于生活，比起风声四起、惊涛骇浪来，更多的还是如水的平淡和琐碎的细节。

钱钟书写给杨绛的信，内容很广泛。

看到的好书要分享，可以写在信里；遇到的新鲜事要告诉她，他也会用文字记录下来；思念之情是少不得要表达的；遭遇的麻烦偶尔也会落在纸上，和她说说……

这些内容都来自于生活的细节，和我们的生活并没有什么不同。只是，钱钟书并没有给这些事情全都贴上“寡淡无味”的标签，每次他都能从这些琐碎中找到惊喜，并且他深沉的爱也催促着他将这种惊喜分享给杨绛。那一封封情书由此而成。

满腔浓情寄于红笺之上，他将爱分享给杨绛。

这种分享，让杨绛和钱钟书即便分隔两地，也能参与到彼此的生活里，他们的生活是交汇的，你中有我，我中有你。杨绛和钱钟书两人的感情不惧风雨的摧残，稳固而坚牢，这与他们日日的分享是分不开的。

时光或许是最公平的，它从不偏袒谁，大家的日子都是一天天地过。

我们每天经历的故事或许不同，但于经历这件事本身而言，大家都是一样的。既有经历，那就是有故事可讲的。大风大浪、惊喜跌宕，有它惊心动魄的讲法；平淡如水、不起涟漪，也有它温润柔和的美妙。故事就在我们身边，从未缺席，区别只在于我们愿不愿意去发现，愿不愿意去与人分享。

能够每天与你分享故事的人，都是值得珍惜的，因为他们分享的不只是故事，他们分享的还是缓缓流淌的人生。

与你分享人生的人，更值得分享你的人生。

当然，我们也得承认，分享这件事也是分人的。

并不是所有人都是杨绛和钱钟书，也并不是所有的事都可以毫无顾忌地与人分享。话不投机半句多，有它的道理。

快乐分享错了人，就成了显摆；悲伤分享错了人，就成了矫情；委屈分享错了人，就成了笑话；爱情分享错了人，只留下创伤。这或许也是有些人不愿意分享，也不愿意接受分享的原因。

因为，他们不是彼此对的人。

如果快乐不能与人分享，便算不得真正的快乐。

如果美好的风景无人分享，那它再美也是孤单的。

愿你能找到一个对的人，与他分享美好的一切，愿那人也懂你、珍重你，可以与你分享他精彩的人生。

第三章

用心对待，让婚姻细水长流

陪伴是最长情的告白，相守是最温暖的承诺。有人相伴的日子，十里桃花香满路，清风朗月无孤独；有人相守的时光，帘卷西风佳人笑，纸上相思无寂寥。用心对待，他们让婚姻细水长流；十指紧扣，他们走向人间雪满头。

爱他，不吝于为他付出

“我见到她之前，从未想到要结婚；我娶了她几十年，从未后悔娶她，也从未想过要娶别的女人。”

这是一位英国传记作家概括的最理想的婚姻。

后来杨绛读到这个句子，便念给钱钟书听。没有一丝一毫的犹豫，钱钟书对她说：“我和他一样。”

那时候杨绛也笑着回答：“我也一样。”

我不知道那是一个充满阳光的午后，还是一个灯光昏黄的夜晚，但他们相对而坐，说着“我也一样”，并且能从对方的眼睛中看到缱绻浓情。这个画面总是不断地在我的脑海中盘桓，让我心生羡慕。

而且我也知道，那眼神中满含深情地对望，不是一次，而是一生。

初见的惊鸿一瞥或许不难遇到，可难的是，走过似水流年，那惊鸿一瞥还在心上，那种犹见风月的悸动还始终如初。

但杨绛和钱钟书做到了。

他们的爱情经受住了时间的考验，诚如当初所说的那般，走过六十年，回首过往，他们都不后悔彼此的遇见。

是什么让他们的爱情在岁月辗转中不曾改变模样？

细细品味他们生活的点点滴滴，我想与两个字分不开：付出。

大家都知道，钱钟书在生活上略显“笨拙”，但其实，最初的时候，杨绛也并不擅长料理家务、“洗手作羹汤”。

只是，为了钱钟书，她愿意去尝试。

初到英国留学时，杨绛和钱钟书住在金家。

他们有一间临花园的双人卧房，金家一日提供四餐，并且会帮忙打扫房间。所以，他们两个人有大把的时间可以自由支配，尤其是对于旁听生的杨绛而言，她的生活更自由。

只是，随着时间流逝，这种惬意被打破了。

金家的伙食大不如前，他们的状况开始变得有些糟糕，加上钱钟书吃不惯英国的本地味道，他吃得越来越少，人也日渐消瘦。

杨绛心疼钱钟书，所以想要搬出去住，至少能独立做饭，给他改善伙食。

不过，钱钟书并不大认同。

“你又不会烧饭，老金家的饭至少是现成的，我们的房间还宽敞，将就着得过且过吧。”

钱钟书不止一次地劝过杨绛，他那“得过且过”的话里其实也有对杨绛的心疼，他不想让她太过操劳。

可杨绛心疼他，愿意坚持。

留心着报纸上的出租信息，看各种招租广告，终于在一天傍晚，杨绛找到了一套合适的房子。

一间卧室，一间起居室，还有一个很大的阳台，可以看到大片的草地和花园，风景并不逊于金家。最让她满意的是，这里离学校很近，过街就是。在这里住，既方便钱钟书的学习生活，又能免掉在金家的种种问题，十分不错。

带着钱钟书看过房子之后，他们租下了这里。

有了独立的空间，也意味着所有事都要杨绛亲手料理。

吃腻了西餐的钱钟书，有一天说想吃红烧肉。于是，对于烹饪几乎一窍不通的杨绛便在几个留学生朋友的帮助下，开始做起了红烧肉。

大家都不在行，再加上食材稀缺，第一次做出来的红烧肉又咸又苦，甚至还嚼不烂，失败得彻底。

不过，这并不足以让杨绛止步。

为了让钱钟书吃上红烧肉，她重新买肉，继续研究。

采用了母亲在家中做菜时文火加工的方法，又将黄酒换成了雪莉酒，加上之前的经验总结，杨绛这次做的红烧肉味道不错，钱钟书吃得有滋有味。

没有觉得累，杨绛的心里反而有满满的自豪感。

能掌握一项新的技能，能让钱钟书吃得更好一些，这是她的一种幸福。

这种付出，让她觉得快乐。

万事开头难。有了这个良好的开头，慢慢地，杨绛也悟出了很多做菜的学问。她还将做红烧肉的方法延伸到其他的食材上去，钻研出了很多特有的菜，每次都能让钱钟书吃得意犹未尽。

虽然身处异国他乡，但在杨绛的细心经营之下，他们把小日子过得有声有色。

"洗手作羹汤"，或许只是生活中的小事。

可是，生活本身就是由这些点点滴滴的小事组成的。我们能从这些小事里窥探到杨绛付出的心意，那不是简简单单的饭菜，而是她全部的爱。

真爱并不是随便说说，只靠一张嘴的甜言蜜语无法支撑一份地久天长。

在感情中，我们需要付出。

只是有意思的是，每每在提到付出的时候，大家的脑海里还会浮现出另外两个字——值得。

而更有意思的是，"值得"后面紧随的，是问号。

曾经我们都能为他掷下所有的时光和青春，哪怕飞蛾扑火，也想求一刻的共存。可不知从什么时候开始，我们心底多了几分畏惧，我们开始束手束脚，也开始了斤斤计较。

义无反顾，还是有所保留？

应该相信精诚所至，还是应该懂得适可而止？

那饱含深情的付出，那浓浓的爱意，不知从什么时候开始变成了选择题，非此即彼。

这种“爱自己，不想受伤”的保守考量，或许没什么不对，毕竟，没头没脑地一味付出，让自己变得不像自己，让满腔的情意变成别人眼中廉价的消遣，的确是一种悲哀。但是，我们也要知道，付出是爱，而不是投资。投资需要寻求最大利益的回报，而付出建立在爱的基础之上，首先要求的是不后悔。

当我们确定爱的时候，不要吝于付出，也不要惧于或许会满盘皆输。

这世上最痛苦的事，从来都不是我不能，而是我本可以。

人生中，总有些人是匆匆过客。

我们爱过，并且爱时情深意浓，即便没有携手走到最后，等到岁月苍老，我们也不会因为“当时我要能多付出一点儿多好”的哀叹，在“我本可以”的后悔中挣扎。

这样，付出就是值得的。

更何况，时光不会辜负善意的人。

那些敢于笑着去付出、深情去爱的人，结局大抵都不会太差。因为，他们总归会遇到那个对的人。

就像杨绛。

她对钱钟书不断地付出，得到了钱钟书的疼爱。

杨绛不喜欢每天做饭，觉得浪费时间，钱钟书便异想天开地想要寻求辟谷的方子，希望像神仙一样不吃不喝，仙风道骨。

“卷袖围裙为口忙，朝朝洗手作羹汤。忧卿烟火熏颜色，欲觅仙人辟谷方。”这读起来情意缱绻的诗里，满满的都是钱钟书对杨绛的疼惜。

可想而知，辟谷并不现实。但现实的是，钱钟书会尽可能地帮着杨绛，给她打打下手。

也许他做得并不好，可他愿意去尝试，而不是做一个甩手掌柜，理所当然地认为，做饭这种事就应该由杨绛去完成。

这就是最好的婚姻，也是最好的爱情。

愿你眼里带笑，心里满是阳光，有爱的人在身旁，不吝付出，不惧付出，不悔付出。

愿你能深情地爱人，也能被人深情地爱。

理智地包容，深情地爱

“我做坏事了。”

这听起来有点儿像是孩子认错的话，在很长的一段时间里，是钱钟书的口头禅。

我甚至可以想见，那个“蔚然而深秀”的男人站在杨绛面前，低着头认错，脸上带着点儿忐忑不安的模样。

细细想来，总觉得有些可爱。

诚如钱钟书所言，他在生活上，真的是个“笨拙”的人。

闯祸，那是常有的。

尤其是在杨绛生孩子的那段时间。在异国他乡，没有家人的照料，也没有了杨绛在身旁，所有的生活都要他亲手去料理，那时候，他的小错误似乎就从来没有间断过。

“我做坏事了，打翻了墨水瓶，把房东家的桌布染了。”

“我做坏事了，把台灯弄坏了。”

“我做坏事了，门轴两头的球掉了一个，门关不上了。”

这样的声音，不停地在杨绛耳畔响起。

说来钱钟书的小错误都是生活琐事，无伤大雅。可是，正如杨绛所言，“女儿做母亲，便知报娘恩”，做母亲的都不容易。尤其对于一个整日忙于照顾孩子，在疲惫中辗转不堪的新手妈妈来说，这些小错误难免会给人增添负担，让人焦躁。

风花雪月不能当饭吃，甜言蜜语也解决不了麻烦。

桌布需要洗，台灯需要修，门坏了也要重新安……所有的问题，需要动手才能解决。

我曾问过自己，如果换作是我，在面对着这接二连三的麻烦时，会始终带着一颗平和的心，眉眼含笑地说一声“不要紧，还有我”吗？

还未站在那个位置，我没法给出一个确切的答案。

但我知道，那并不容易。可杨绛做到了。

每次钱钟书闯了祸，用他固定的开场白向杨绛汇报时，杨绛总会笑着说“不要紧”。而且，这三个字从来不是空话。

桌布被杨绛洗干净了，台灯被她修好了，门也被修上了……

杨绛从未抱怨过什么，她只是用自己的行动解决掉了钱钟书所有的麻烦，她用一双手、一颗包容的心，给他们的家添上了几分温馨。

其实，自打认识钱钟书起，杨绛就知道他在生活上是“笨拙”的。

但自始至终，她都没尝试改变他。

因为她爱他，所以她可以去包容，而且这种包容，不只存在于他们爱情和婚姻的伊始，在接下来相伴的六十多年中，她始终包容着他，从未变过。

人们都说，沉浸在爱情中的两个人之间是有一架天平的，一旦一方付出得过多或者过少，都会导致天平倾斜，难以维持长久的平衡。

这没错。

杨绛包容了很多，也付出了很多，可是，他们的爱情天平从来都没有因此失衡过。

因为，他们的爱情里的包容和付出，从来都不是单方面的。

那个“笨拙”的钱钟书，并不是一个只会享受着杨绛的包容，从而肆无忌惮、变本加厉索取的男人。相反，他记住了杨绛的所有包容和付出，并深深珍惜她给予的爱。他会在生活中犯错，可他也尽其所能地将他风花雪月衍生出来的浪漫渗透进生活的点点滴滴。

他会帮着杨绛一起照顾孩子，他会亲自下厨为她熬鸡汤，他还将为她准备早餐这件事坚持了一辈子……

这世上不缺轰轰烈烈、惊天动地的感情，可更多的是平平淡淡、细水长流的小日子。

杨绛和钱钟书过的也是这样的小日子。

他们两个人一起走过了沧桑的岁月，直到双鬓染霜色，那种初见时的悸动却始终没有被琐碎的生活碾压，没有被消磨殆尽。

我想，这和杨绛的包容是分不开的。

这份沉甸甸的包容一直温暖着钱钟书的心，柴米油盐的生活固然琐碎，可是，这种琐碎不染哀愁，更无关争执。

那种只有甜蜜流淌，却少有抱怨堆积的感情，又怎么会让爱情沧桑？

有的人说，包容是一门学问，懂得包容的人，就更懂得快乐；也有人说，包容是一门艺术，懂得包容的人，虽然有所舍，但也能有所得。

显然，杨绛的包容换来了幸福快乐，也得来了钱钟书的体贴关怀。

这是她的智慧。

这世上，大抵是没有真正一帆风顺的婚姻的。

其实所有的家庭、所有的夫妻都一样，就像牙齿还可能碰到舌头一样，当风花雪月掺杂了柴米油盐的时候，不可能没有丝毫的磕磕绊绊。

只是大家面对问题时，态度不尽相同。

有的人吵得歇斯底里，翻烂了旧账，最终彼此相看两厌，分道扬镳，天涯陌路，原本希冀的美好婚姻，也变得支离破碎，不复当初。可有的人却在面对问题的时候保持一颗平和的心，他们更理智，也更包容。

他们更明白：嫌恶和埋怨是解决不了问题的，真正能解决问题的，是面对。

有人说，包容很难，长久的包容更难。

的确。

一次犯错，或许还是圆月微缺，像是一种生活调味，带着一点儿缺憾美。可是，错得多了，圆月缺损得丝毫不剩，整个夜空只剩下一片黑暗，那时候可能也就无所谓美了，那只是缺憾。

更何况，错误与错误还不同。

有的错误，就像钱钟书闯的祸一样，尽是生活琐事，解决起来也不算太麻烦，可以说微不足道。而有的错误则跨越了道德边界，冲击了原则和底线，罪不容恕。

这要如何包容？

有人说，这世上没有真正的感同身受，只有冷暖自知。

所以，因我还未处于那种境地，我无法理所当然地说：多体谅吧，包容一次，也没什么大不了。我更没有办法理直气壮地去鼓吹，爱情里需要包容，只要包容，就一定是对的。

我只想说：当遇到问题的时候，我们应先尽可能地冷静下来。

愤怒的时候少开口，恶语伤人心，别让那些毫无用处的埋怨和指责给本就面临着危机的感情上火上浇油。

当我们能用理智来思考问题的时候，我们再去衡量能否用一颗包容的心去解决问题。

如果真的触碰到了底线，无法包容，那也无可厚非，毕竟一个将自己放低到尘埃里，一味去包容的人，未必能维持爱情天平的平衡，换得一份天长地久的感情。可如果，那些错误真的微不足道，就像钱钟书的小错误一样，还带着点儿笨拙的小可爱，那么请多给彼此一丝宽容，多想想曾经的爱。

其实，包容并没有我们想的那么难，毕竟爱是真的。

同样，一生一世也不只是传说，相反，它时时刻刻都在我们周围，因为爱就在我们身边。

理智地包容，深情地去爱。

想来，那时候我们都不用羡慕杨绛和钱钟书了，因为，我们都会有“一生一世一双人”。

所谓周全，不过是心甘情愿

爱情不只需要浪漫，更需要周全。

杨绛大约是最懂这一点的。

爱情，从来都是诗歌最好的素材。当钱钟书遇上爱情，他所有的浪漫就像是纷飞的柳絮遇见了琴声一样，连孤独的飘零都像是在翩翩起舞，充满诗意。

为你写诗，这是钱钟书给杨绛的浪漫。

在见不到彼此的日子里，钱钟书尝试过用不同的风格写不同内容的情诗给杨绛。各种律诗，甚至于理学家的语句，也能被他引用在信中表达情意。每一个字，都文采斐然，每一个句子，都情意绵绵，那是一封封缱绻动人的情书，更是钱钟书滚烫的爱意。

大约没有女人能抵挡得住这份情意，杨绛也深陷在这甜蜜的爱情漩涡里。

只是，比之钱钟书一日一封信的殷勤，杨绛写的要少得多。

为此钱钟书没少抱怨，“别后经时无只字，居然惜墨抵兼金”，他的字里行间都带着些许幽怨。

是杨绛的爱没有钱钟书浓吗？

并不是。

那时的杨绛，无论是去上课，还是去图书馆，抑或是跟好友一起去校园散步，当回到宿舍时，她做的第一件事是去看钱钟书送来的信。那些信件，那些情意浓浓的文字，也是她心头最惦念的。当然，她更惦念的是写下文字的人。

她不是不爱，只是很少用信的形式表达心意。

当然，杨绛偶尔也会给钱钟书回信，只是与钱钟书不同，杨绛满含深情的文字里更多了几分理性。

那是钱钟书回无锡老家的时候。

为解相思之苦，钱钟书频繁地与杨绛通信，有一次，杨绛给钱钟书的回信无意中落入了钱钟书的父亲钱基博手中，钱基博心生好奇，忍不住悄悄拆开信看。

信上，杨绛写道：“现在吾两人快乐无用，须两家父母兄弟皆大欢喜，吾两人之快乐乃彻始彻终不受障碍。”

比起那些情意缱绻的爱意浓情，杨绛更理智，她想得也更周全。

就是这寥寥几字，让钱基博对杨绛颇有好感。他觉得，能有一个如此思维缜密、办事周全的女子陪在他那个不谙世事的儿子身边，是可遇不可求的幸事。

毕竟，当生活回归到柴米油盐的时候，光有浪漫是不够的。

爱情不仅需要浪漫，更需要周全。

事实证明，钱基博的眼光一点儿都没有错，杨绛是个办事周全的人，她也用这份周全爱了钱钟书一生。

无疑，想要得到一份细水长流的爱，心思细腻、做事周全必不可少。而且这种细腻并不止于纸上的文字，它归于生活，渗透在生活的点点滴滴里。

1938 年，在那兵荒马乱的时候，杨绛和钱钟书一起回国，钱钟书去了西南联合大学工作，而杨绛则带着女儿北上，与家人团聚。

在那动荡不安的年代，能守在自己家人身边是极难得的，尤其对于失去了妻子的杨荫杭来说，杨绛和钱瑗在身边于他更是一种慰藉。为了让杨绛和钱瑗在自己身边住得更久一点儿，为此，杨荫杭不惜花了大价钱在外临时租了房子。

杨绛自幼和父亲感情就好，更何况为人子女时不太懂为人父母的不易，而现在她也有了孩子，更加能够体会到杨荫杭深切的父爱。

杨荫杭为了她和钱瑗租房，用心良苦，杨绛很感动，她也希望能时刻陪在他身边。

只是，杨绛很清楚，她不只是父亲的阿季，还是钱家的媳妇、钱钟书的妻子。父亲这边需要她的陪伴，可钱家那边同样需要她的尽心尽孝。只顾着自己高兴，就长住在娘家而忽略了钱家人，这并不好。

思虑周全的杨绛便带着钱瑗在钱家住几天，再在父亲家住几天。

她在奔波中顾及着两家人的感受。

1941 年，钱钟书回到上海，之后杨绛开始长住在钱家。

钱家人口众多，一家老小三代人，生活在同一个狭小的空间里，每日的朝夕相对，最容易产生磕磕绊绊，因此，杨绛更细心了。

杨绛是最喜欢读书的，可是，在钱家人面前她很少看书。在家里，她不想过于特立独行，让大家误以为她在炫耀自己的学问，让大家感觉不舒服。

这屋子里住的，都是钱钟书的至亲。

杨绛深爱着钱钟书，爱屋及乌，即便是为了他，她也要融入钱家，和钱家人相处得更好。

杨绛小心翼翼地守护着与钱家人的关系，力争办事周全，体贴周到。

这或许也是爱情和婚姻的差别。

爱情是两个人的事，只要两个人快乐，便已足够。可是走进婚姻，就意味着从两个人走向了两个家庭，所要顾及的，自然也会变得更多。

人与人都是不同的，大家都有自己的想法，也有自己的价值观和行为习惯，很难做到绝对的同步和完美的契合。尤其是对于两个大家庭来说，想要周全所有人，那就更难了。体贴、包容、退让，甚至磨平一些自己的棱角，去与这个家中的人不断磨合，在柴米油盐、磕磕碰碰中找到最合适的相处方式，得到一家和乐，是每一段幸福婚姻都要经历的。

杨绛和钱钟书的婚姻，自然也不能例外。

杨绛爱钱钟书，所以她想要更快、更好地融入婆家。她不断尝试做得更周到、更细腻、更体贴、更包容，在这个过程中，她付出不少，但她从没有过怨言。

所谓周全，说来不过是心甘情愿。

因为爱，所以杨绛做这些都是心甘情愿、无怨无悔的。

老天从来都是公平的，就像没有人只享受而不付出一样，同样，也不会有人只付出却得不到回报。

杨绛周全着爱情，周全着家庭，谨小慎微，这些钱钟书都看在眼里。

从前，钱钟书给杨绛的浪漫，是一封封字字情浓的情书，可是这次，他给杨绛的浪漫，是他一生的深爱。

风风雨雨，携手同行，直到青丝斑白，垂垂老矣，他都不曾放手。

钱钟书是爱杨绛的。

他爱极了古月堂前那个眉眼带笑、面若蔷薇、满腹才情，能够出口成章的杨绛。只是，岁月荏苒，当匆匆走过一生后，他更爱的是那个体贴细心，为了他甘愿付出、从无怨言的杨绛。

若说初见，杨绛像是天上仙子，那琐碎的生活便让她坠入了凡间，成为凡人。仙子是心头的朱砂痣，一生难忘，可平凡的杨绛却是他的家中妻，与他一生相守。

遇见杨绛，是钱钟书一生最大的幸事。

同样，遇见钱钟书，也是杨绛一生最大的幸福。这种幸福，足以支撑她全部的付出，让她无怨无悔。

尊重，会让他的心温暖

杨绛和钱钟书对清华都有一种特殊的感情。

清华是他们的母校，他们的爱情始于清华，他们都曾在清华任教，他们的女儿钱瑗也毕业于清华……这所有的一切巧合得像是冥冥中有神的牵引，是一种极难得的缘分。也正是因为这奇妙的缘分，杨绛和钱钟书才对清华饱含深情。杨绛捐赠稿酬于清华大学设立“好读书”奖励基金的时候，曾这样深情地说：“我们一家三口最爱清华。”

这份爱，没有太多华丽的装饰，却质朴而深沉，那是从骨子里迸射出来的爱，光晕能笼罩所有人。

杨绛和钱钟书爱清华爱得浓烈，他们都享受在清华的日子。其实，钱钟书也曾放弃过清华。

抗日战争爆发后，北京大学、清华大学、南开大学一起南迁至昆明，组成了西南联合大学。钱钟书一回国，便被西南联合大学聘为教授。薪水不错，又是在母校工作，钱钟书对这份工作很满意。

杨绛了解钱钟书对清华的感情，所以也为他能去清华任教高兴。

因为本身喜欢，钱钟书在清华任教的日子过得还算开心。虽然与杨绛分隔两地，他浓烈的思念无处安放，有些不习惯，可他每日都会给杨绛写信，这让他满是思念的心得到了些许慰藉。时局虽有动荡，可他的日子却宁静平和。

但这种日子没多久就被打破了，因为在钱钟书回上海探亲时，发生了一件事。

有一天，杨绛发现钱钟书回来的时候一脸愁容，不禁觉得奇怪。细问之下才知道，原来是钱钟书的父亲想让他放弃清华的工作，转去湖南蓝田国立师范学院做外文系的主任。

这件事，说来也不是钱父一时兴起。

原来，钱父是应老友廖世承之邀到蓝田帮他创建国立师范学院的。钱钟书回上海探亲，钱父便希望钱钟书到自己身边来，一方面钱钟书到那里任教，能帮他分担些压力，另一方面他们父子也能团聚，相互陪伴。

钱钟书真心喜欢清华的这份工作，而且他知道机会难得，并不想放弃。

可是，另一边是自己的父亲，他也不好拒绝。

钱钟书有些动摇，便问杨绛的意见。

其实，杨绛也不想让钱钟书放弃清华的工作。一方面，钱钟书当初受聘时，校方极其重视，可他工作还未满一年就离职，难免让校方失望。另一方面，杨绛太了解钱钟书了，她知道钱钟书爱清华，也爱清华的这份工作，让他放弃得来不易的在清华任教的机会，他的心会疼。

于是杨绛告诉钱钟书应遵循内心的真实想法，不论去与不去，他都应将自己的意见坦诚地告诉家人。

不论是夫妻，还是家人，在生活中发生些许分歧都是难免的。

一味妥协或者一味坚持大抵都不算对，商量着处理，理智地解决，在两种意见中找到一个平衡，寻求一个最好的处理方法才是出路。

尤其是这次，钱父要求钱钟书换工作，放弃他最热爱的清华，并不算是小事。杨绛希望钱钟书能表达自己的想法和立场，并且能拥有自己做决定的权利。

钱钟书很快就做了决定。

他决定回家与家人沟通自己的想法和选择，他想留在清华继续工作。

那天，杨绛也陪着钱钟书去了拉斐德路的钱家，她并不会干预钱钟书的决定，但是，她想站在他身边，给他一份支持。

在清华讲学，那是钱钟书的理想，更是在动荡年代里承担的传播知识、教书育人的社会责任。他在清华可以以文化人，给更多的学子以知识和信仰，让他们在这动乱的时代中找到方向。于钱钟书而言，这何其有幸！杨绛真心地希望钱钟书的选择能够得到大家的体谅和支持。

可事实上，来自家庭的压力，远远地超乎了杨绛的想象。

在家人的联合劝说下，钱钟书妥协了。

杨绛看着钱钟书纠结无奈却又无能为力的模样，心疼不已。

现实或许就是这样，家人的意愿和自己的理想有时候很难统一。若真的论起来，大家的想法和坚持也都无所谓对错，唯一的差别只在于各自站的角度不同。

取舍，大约从来都是不易的。

鱼与熊掌、生存与陪伴、事业与家庭、感情与事业、理想与现实……

这世上有太多的事情需要我们去寻找一种平衡，以让生活达到安稳，这中间少不得取舍，更少不得退让和妥协。太多的时候，我们不得不磨平自己的棱角，收敛锋芒，卸下羽翼，调整脚下的路以适应现实。

也许心里会落寞、会难过，可又不得不这么做。

钱钟书是做了让步的，暂时放下清华，去了蓝田。这是他协调理想与家庭关系的一种方式，不是他不够坚定，只是他不想用一味的强硬坚持伤害自己最亲的家人。

杨绛很爱钱钟书，也正因为爱，她才更心疼。

她不禁想起之前她去问自己的父亲，钱钟书应该如何选择时，杨荫杭的反应。那时候，杨荫杭听了事情经过后，面无表情，一言不发。

起初，杨绛不太懂父亲因何沉默，可现在她明白了。

人活在世，或多或少都会有身不由己的时候。

有时候，道理是无用的。她的理智告诉她，一个人的职业选择是一辈子的大事，应该由自己来决定，外人只能陈述道理，表达意见，却不应该强行干预。理智告诉她，钱钟书应该表达自己真实的想法，为自己的梦想而努力争取。

她自以为旁观者清，以为自己的意见客观而理智。

也的确，她的意见是理智的。

可是，旁观者有旁观者的冷静，当局者也有当局者的为难。

之前她所想的一切都过于理智了，也许对于其他人还适用，但是，当面对的是钱钟书至亲的时候，这些理智的分析和做法不会给他任何帮助，反而会给他带来羁绊、压力和困扰。

这一刻，她才明白了父亲的沉默。

或许，历经沧桑的杨荫杭早已看透了结果，预料到了结局。

放弃清华的工作，钱钟书自然是难受的，作为他的妻子，在这件事情上，杨绛帮不上他。她唯一能做的事就是尊重他的选择，不给本已经难过的他再徒增烦恼。没有对钱家人的抱怨，也没有愤愤不平的念叨，杨绛只是坚定地守在钱钟书的身边，陪着他欣然面对、坦然接受。

这是她给予钱钟书的尊重，也是她给他的一种陪伴和守护。

有人说，在一段感情里刻意地提及尊重，就像是在说夫妻两个人举案齐眉、相敬如宾一样，总带着一种淡淡的客套疏离，少了几分亲密感。但是，这个时候杨绛给予钱钟书的尊重，却温暖了他的心。钱钟书虽然暂时放弃了清华的工作，可是，他得到了陪伴家人的机会，他更知道自己并不孤独，因为他有个理解他的妻子。

来日方长，梦想随时都可以去追，但知心人难得，有一个疼他、敬他、尊重他的夫人，不论在哪儿，他的心都是暖的。

一段好的婚姻关系是需要尊重的，而且这种尊重并不是单方面的，而是相互的，不是一时的，而是日久天长的。

两个人携手一起走，路上绝不可能一帆风顺，更多的时候，我们可能须顶着风雪踉跄前行。心不能紧紧靠在一起，不能相互理解和尊重的人，势必会在风雪中走散。相反，多给爱的人一些尊重，多给他的心上添些可以融化冰雪的温暖，爱情才会更有温度，两个人的路才能越走越顺，越走越远。

夜晚也挺好，抬头便可见星辰。

雪夜也不错，放眼四处梨花开。

身不由己的人也能苦中作乐，不如意的人眼中也可以有星辰大海。

愿你能多给予爱人一些尊重，愿你的这份爱可以成为他心头最炙热的火焰。待有一日，它能绚烂绽放，成为爱情里最炫目的烟火。

我愿与你，一同盛放

在《围城》被搬上荧幕时，有这样一段旁白——

围在城里的人想逃出来，城外的人想冲进去。对婚姻也罢，职业也罢。人生的愿望大都如此。

婚姻是一座围城，太多的人匆匆忙忙地进去，却又跌跌撞撞地出来。

就像月有阴晴圆缺被人习惯一样，人的聚散离合也越来越被人看淡，而后被接受，仿佛一别两安就真的无足轻重，好聚好散就真的是洒脱一般。

可实际上呢？

既然选择了开始，谁又不希望一生一世？

《围城》中，有很多杨绛和钱钟书生活的影子，可现实与故事又多有不同，至少那个说“围在城里的想逃出来”的人，自始至终都没想过逃离。相反，他沉浸在婚姻的围城里，享受着这份幸福。

一牵手，就是一辈子。

从1932年古月堂初见，到1998年末钱钟书去世，杨绛和钱钟书一同携手走过了六十多年，他们是真真正正的一生一世一双人。

有人羡慕这种感情，也有人探究其“执子之手，与子偕老”的奥秘。

感情的事，从来不是三言两语就能概括得了的，理解、体贴、包容……这些都是婚姻保鲜的方式，但也只是冰山一角。

要说杨绛和钱钟书为什么能风风雨雨走过那么多年，不离不弃，相濡以沫，轻描淡写地用一句话来概括是很难的。但有一点，我想大抵是重要的，那就是始终不曾忘记：携手只是开始，并肩才是过程。

人生路很长，来往的人很多，两个人只有肩并肩向前走，才不会在人山人海中走散。

可这“并肩”二字，说来容易，做起来难。

因为它不但意味着共同经历风雨，也意味着共同成长。

有人说，人只能共苦，不能同甘。

现实中有太多血淋淋的例子，一遍遍地重演给我们看：曾经携手的如花似玉的女子，那个说好了要走一生的人，在他功成名就之时被视为糟糠之妻，被弃如敝屣。

我们一边骂着人性薄凉，薄情寡性，一边怨着自己不该放弃自我，爱得痴傻。

这或许都对。

薄凉的人忘了等，痴傻的人忘了走。

携手的开始，没有并肩而行的过程，结局必然是相距甚远、天涯离散。

而杨绛和钱钟书却并肩而行了一辈子。他们走过了风花雪月，也走过了柴米油盐，他们的步调也并非完全一致，可他们两个人中，总有一个人愿意等，而另外一个人愿意追。

就如钱钟书创作《围城》。

钱钟书萌生创作《围城》的想法，是在看过了杨绛的《弄真成假》之后。

那时候的杨绛，凭借《称心如意》一鸣惊人，又被《弄真成假》的成功推上了事业的巅峰。

人说，《弄真成假》是中国话剧界的经典。

李健吾先生则赞赏杨绛："假如中国有喜剧，真的风俗喜剧，从现代生活提炼的地道喜剧，我不想夸张地说，但我坚持地说，在现代中国的文学里面，《弄真成假》将是第二道纪程碑。"

就是在这样最荣耀的时候，杨绛听到了钱钟书想要创作的想法，她选择了支持。

她停下了自己的脚步，等他盛放。

为了让钱钟书心无旁骛地创作，杨绛亲手料理家庭琐事，甘当“灶下婢”。

杨绛曾写过：“从大小姐到老妈子，对于我来说，角色变化而已，很自然，并不感觉委屈。为什么？因为爱，出于对丈夫的爱。我爱丈夫，胜过爱自己。我了解钱钟书的价值，我愿为他研究著述志业的成功，为充分发挥他的潜力、创造力而牺牲自己。”

因为爱，所以可以停下来等，也是因为爱，所以可以为他做任何自己不擅长的事。

杨绛的付出，显然是值得的。

两年后，钱钟书的《围城》惊艳了时光，他的名字举世皆知。

杨绛终于和钱钟书一起站在了文坛的高处，他们相互依偎，成为文坛中盛开得最美的并蒂莲花，摇曳生姿。

大约所有人都羡慕这种一生一世一双人的感情的。

虽然所有的故事都是从相遇开始，但未必所有人都能像他们这样走到白头。太多人走着走着就两心零落在天涯，相逢已是陌路人。太多人走着走着就弄丢了曾十指相扣，相许一生的人。

有人曾问：在一段爱情中，门当户对是否重要？

我想大约是重要的。

当然，我所说的“门当户对”，并非完全意义上的家世相当，经济条件对等。它更大程度意味着的是精神境界的势均力敌，是现实状态的相对平衡，是一种灵魂的契合。

一段感情里，一旦少了这种势均力敌，平衡则会失控，结果必然是离散。

什么是最好的爱情？

也许最好的爱情并不是风花雪月，也不是甜言蜜语，而是在一季又一季绿肥红瘦的岁月辗转中，在浮光掠影走走停停的时光里，两个人能始终携手，有风雨一起面对，有风光一起欣赏。如果两个人的脚步不一致了，有人能停下来等，而剩下的那个也能抓紧去追。

一个人的盛放，或许只是孤芳自赏，而两个人的盛放，才是经得起岁月侵蚀的细水长流。

高处的风景美吗？自然是美的！

可若身边缺少了人，大约也是索然无味的。

所以，如果你是那个站在云端、如花盛放的人，请在往前走的时候，别忘了回头看看曾经携手的人，别让自己走得太快，变得遥不可及。而如果你是那个还在原地守着湿答答的油纸伞，苦念过往风雨的人，请你放下零落的忧伤，努力向前，别让自己落后得太远。

生活难免有风雨，自古情字最磨人。

可我相信，只要两个人能始终手牵着手，肩并着肩，没有风雨是走不过去的，也没有风光是无法去欣赏的。

两个人并肩，两个人盛放。

愿你能有这样最好的爱情，一走，一生。

爱不只在嘴上，更在行动里

之前听过一句话，叫："男人的嘴，骗人的鬼。"

这话初听来不免觉得有些好笑，可细细思量后，却又觉得有些道理。

倒也不是针对男人，不论男女，总有那么一些人时刻将爱挂在嘴边上，能够花言巧语讨人欢心的。可事实上，说永远要比做容易。一旦要将所说的一切落到实处，那甜言蜜语还能有几分真，巧言令色又能否经得住现实考验，就很难说了。

誓言和承诺都很美好，可不少人赋予这两个词一个特点：有口无心。

很多时候人总是说得好听，但也只是嘴上说说，说过也就过了，犹如风吹过一般，不留下一丝痕迹。这也不奇怪，连心都不走的甜言蜜语，还能指望结出什么行动的果?

人不能只当听觉动物，听见好听的便信以为真，爱不只在嘴上，更在行动里。

钱钟书是个浪漫的人，他的情书字字含情，缠绵缱绻，他用文字俘获了杨绛的芳心，两个人情深意浓。可是，他们的爱情之所以能走过风雨，走过岁月沧桑，却不只是因为那些情书，那些浮于纸上的文字，更因为钱钟书爱得真切，爱得踏实。

钱钟书爱杨绛，他的爱渗透在生活的点滴里，在他的行动中。

杨绛初怀孕时，兴奋又紧张，原本以为十月怀胎也不过是肚子大些，不会太影响生活。可是没过多久她就发现事实并非如此，她害喜害得特别严重，以至于根本没有办法专心看书。

钱钟书看着杨绛被这甜蜜的负担“折磨”，心疼极了。

爱到深处的时候，总是希望给她更多。尤其是身在异国他乡，杨绛的身边没有家人陪伴，钱钟书才愈发想给她更多的照料。那阵子钱钟书很忙，他在忙读书之余，也忙着学习做家务，替杨绛分担家庭琐事；忙着陪她去医院做产检，了解孩子的状况；忙着预定生产用的病房，避免生产时手忙脚乱；也忙着请求院长，为他们介绍最好的医生。

所有能想到的并且需要去做的事，钱钟书都做了。

那时候，院长见钱钟书是东方人，自然而然觉得他会相对保守，对大夫的性别可能会有要求，便问是不是一定要女大夫。

钱钟书的回答很简单：“要最好的!”

这简简单单的四个字，却彰显了钱钟书对杨绛深沉的爱。

于钱钟书而言，医者不分性别，只分医术，只要他们能有专业的医术，能在危难关头保证杨绛的平安，这就够了，这就是他最想要的。

有人说，女人生孩子就是在鬼门关前走了一遭。

生产的时候要承受巨大的痛，那是每一个女人成为母亲都必须要承受的代价。

杨绛生钱瑗的时候并不是太顺利，她痛得厉害，却又使不上力。为了确保孩子和大人的安全，医生给她麻醉后进行人工助产，她这才生下钱瑗。钱瑗出生时已经浑身青紫，甚至都不会哭了，还是护士不停地拍打她的身体，她才幸运地活了下来。

那天对于杨绛来说，是一种幸福的折磨，对钱钟书也是。

钱钟书对杨绛的爱并非只是嘴上的海誓山盟、甜蜜许诺，更是切实的行动。

他一次次在家与医院之间奔走，来时带着期待，走时揣着牵挂。为了杨绛和孩子，他无法停下自己的脚步，不亲眼看着她们母女平安，他灼热的心无处安放。

惊天动地、轰轰烈烈的爱固然让人感动，可平淡如水、细枝末节中的爱更让人热泪盈眶。我们的生活本就是由一点一点的小事编织起来的，若是在细小琐碎的事上都做不到真心实意，做不到珍爱珍重，那这样的感情里也不会有轰轰烈烈、恩爱甜蜜的故事。

初为人父，钱钟书激动又紧张。

西方医院没有坐月子的说法，但杨绛因为身体不好，一直在医院住了三周多，基本上坐完了整个月子。

身在异国他乡，没有老人帮忙照料孩子，所有的事情都要杨绛自己动手。换尿布、洗澡、喂奶……没多久杨绛这个新手妈妈就做得有模有样了，倒是钱钟书，自己生活的时候小状况不断。

可即便是这样，钱钟书仍然会想尽办法照料杨绛和孩子。

那时候，钱钟书在准备自己的论文答辩，时间紧张。可是有一天，很少下厨房的他居然端出一碗鸡汤来，他还剥了新鲜的嫩蚕豆放在汤里，看上去极为好看。这是他亲手为杨绛熬的，他想让杨绛补补身子。

我不知道钱钟书的手艺如何，也不知道那汤味道怎样，但我知道那碗汤里一定融入了爱。

因为爱，所以甘愿做自己不擅长的事。

钱钟书端给杨绛的不只是一碗鸡汤，更有他对杨绛的爱意。

人无完人，没有人至善至美，什么都会。生活在这个世上，我们都会有自己陌生的领域，有自己不擅长的事，可是爱的动力能够鼓舞我们去学，能够支撑我们去尝试。因为爱着，所以我们可以跨出自己的脚步，而不是用“我不行”禁锢住自己。或许，在所有的“我不行”背后，都有更深一层的潜台词，叫作“我不愿意”。

钱钟书是愿意尝试着去做的，哪怕他做的并不算好，哪怕结果并不完美，可他却乐在其中。

像熬鸡汤这种事，钱钟书做了不止一次，可杨绛每次都会被感动。

她感受到钱钟书的宠爱，更感受到自己的心随之而雀跃的悸动。一碗味道也许算不得多好的鸡汤，却饱含着钱钟书的浓浓爱意，这比他说百句千句的“我爱你”，更能甜进杨绛的心里。

当时的中国并没有实行计划生育，对于孩子的数量也没有限制。但经过商量，杨绛和钱钟书决定他们只要一个孩子。

后来，杨绛曾回忆说，钱钟书对她说过这样的一段话：“假如我们再生一个孩子，说不定比阿瑗好，我们就要喜欢那个孩子，那么我们怎么对得起阿瑗呢?”钱钟书的话里满是对阿瑗的疼惜，这话使杨绛的心变得更柔软了，她自然不会反对。

但其实钱钟书没说的是，孩子的生日也是母难日。

生阿瑗的时候，他已经看着杨绛经历了一次那样的艰辛和痛苦了，他不忍心再让她去承受第二次。

钱钟书和杨绛只有钱瑗一个女儿，他们将所有的宠爱都给了她。

在照顾孩子这件事上，钱钟书也愿意替杨绛分担。

钱钟书从未觉得照看孩子就一定是女人的事，男人可以理所当然地当甩手掌柜。孩子是两个人的，照顾孩子自然也是两个人一起努力，相互扶持。

钱钟书很喜欢钱瑗，总是看看这儿，亲亲那儿，有时候还要闻闻阿瑗的脚丫儿，装出恶心要吐的模样逗杨绛。

钱钟书哄阿瑗玩有好多种方式，这些方式都是他自创的。

比如埋地雷，就是每天晚上临睡前，钱钟书会在阿瑗的被窝里藏东西，玩具、镜子、梳子、砚台，甚至是毛笔，反正凡是能塞到被子里的东西，他都会尝试着一层层地埋在被子里，等着阿瑗去发现。时间长了，阿瑗找东西便越来越厉害，成了“排雷尖兵”，她会一层层地搜查，直到发现全部。

就是这种简单到有些无聊的游戏，钱钟书陪着钱瑗玩了很多次，而且每次他们都会哈哈大笑。

这是他们父女俩的乐趣，有时候就是杨绛也没法参与其中。

养一个孩子不容易，哄孩子也是累人的，可因为有了钱钟书的参与，家里总能听到笑声。杨绛心里开心，那苦也就不是苦了。

生活中琐碎的事很多，可就是那点点滴滴的小事给了杨绛很多爱的回忆。

爱不只在嘴上，更在行动里。

就像“读万卷书，不如行万里路”一样，很多事情只有落到实处，才能让虚无变得真实。

和钱钟书一样，杨绛也是一个愿意踏出脚步，将爱拉进现实的人。家中的事无论大小，杨绛都会主动打理，大到人情世故，小到钱钟书的衣着打扮，都是如此。杨绛深爱着钱钟书，在她的心里，钱钟书的任何事都比她自己的事重要，所以，她始终将钱钟书放在第一位。

杨绛的爱实实在在，随着岁月流淌，走向了日久天长、地老天荒。

爱不只在嘴上。

甜言蜜语固然好，可行动更重要，为你爱的人行动起来，这是静水在深流，也是爱在走向永恒。

第四章

努力，遇见更好的自己

娴静岁月里，伫立在庭前闻着花香翻读的书；动荡岁月中，做校长那些年全身心的投入；静心创作时，她的不骄不躁不气不馁；翻译巨著时，她的字斟句酌精益求精。这所有的一切，都铺就了她的繁华锦途，让她于时光中绽放，不老不朽。

越努力，越幸运

所有的成功背后，都必然有汗水和坚持；所有的风光背后，也必然有眼泪和付出。

这世上，所有我们喜欢的和想要的美好，都不会轻易得到，想要拥有一切，想要活成自己喜欢的模样，只能努力。

一分耕耘，一分收获，努力是不会被辜负的！

天再高又怎样？只要我们努力踮起脚尖，就能更接近阳光。

杨绛是个努力的人，她知道自己的梦想是什么，也知道应该怎么去努力才能离梦想更近。为此，她不惧于付出汗水。

杨绛向来喜欢读书，从小跟着杨荫杭读了不少书。

这让她养成了习惯，一日不读书便觉得日子空虚，觉得一天白过了。杨绛的一生，不论走到哪里都离不开书，有书的地方才能让她流连驻足。

杨绛的所有成功，都与她读书的习惯分不开。

那些她努力看过的书幻化成了她的智慧，塑造了她的品格，融成了她的骨血，让她出口成章，吐气如兰。

杨绛喜欢清华大学，于她看来，清华像是一个港湾，能够让她的文学梦停靠，也能让她扬帆起航。

考入清华，是杨绛梦想的开始。

当时的清华大学研究院，外国语文学部和外文系的老师是共同的，有十多名教授。著名戏剧家王文显先生，先后在清华大学、弗吉尼亚大学、哈佛大学学习的吴宓先生，都在任教老师之列。

梁宗岱先生是杨绛的导师，当时梁先生教授法语，第一堂课就是听写。

杨绛自学过法语，在其不懈努力下，她的水平已然相当不错，所以梁先生的听写一点儿都难不倒她。看着杨绛的答卷，梁宗岱满意到有些吃惊，他忍不住问杨绛："你的法语是怎么学的？"

杨绛回答说："自学的。"

听着这话，梁宗岱先生对她赞赏不已，他觉得这简直是个奇迹。

“自学”这简简单单的两个字，不但包含了杨绛的智慧，更包含了她所有的努力和汗水。奇迹不过是努力的另一个代名词，我们的路，我们的模样，都是我们自己创造出来的。能改变一切的，只有我们自己。

而杨绛在她小小年纪时就已经如此优秀，她的努力，让她丰满而美丽。

当时，杨绛还选修了朱自清的散文习作课。

朱自清当时是中文系的教授，他的文章虽然没有跌宕起伏的变化，可是每一个字里都饱含深情，让人为之动容，他的文字能让人读后有所感、有所悟，得到精神上的洗礼和升华。当时很多人选他的课，都希望能够在他的帮助下，领悟到散文和写作的精髓。

杨绛也期待成长和进步，她选了朱自清的课后，兴奋极了。

但让人意外的是，朱自清在第一节课上并没有让大家做自我介绍，甚至连课本都不用翻开，他只给大家留了一个作业：写一篇名为“收脚印”的文章。

在江南，“收脚印”的大概意思是：人死之前，都会沿着这一生走过的路再走一次。有临去之前回首人生、总结过去的意思。

这个题目说来并不容易，它带着风雨过后的沧桑，也带着洗尽铅华的淡然，那是一个人于生命的尽头，回首往事时最深切的感悟，是对人生沉浮和风雨磨砺的认知。对于年轻人来说，还未看透红尘秋月春风的他们，对这一切还很陌生。

当时的杨绛只有二十二岁，可她写出来的感悟却一点儿都不显稚嫩青涩。

“每当夕阳西下，黄昏星闪闪发亮的时候，西山一抹浅绛，渐渐晕成橘红，晕成淡黄，晕成浅湖色……风是凉了，地上的影儿也淡了。幽僻处，树下，墙阴，影儿绰绰的，这就是鬼魂收脚印的时候了。”

这篇文章从江南收脚印的传说说起，随着笔下的那个灵魂重走人生路。

让人最难忘的，是她对那背景般的夜的描写。

“守着一颗颗星，先后睁开倦眼。看一弯淡月，浸透黄昏，流散着水银的光。听着草里虫声，凄凉地叫破了夜的岑寂。人静了，远近的窗里，闪着一星星灯火——于是，乘着晚风，悠悠荡荡在横的、直的、曲折的道路上，徘徊着，徘徊着，从错杂的脚印中，辨认着自己的遗迹。”

在杨绛的笔下，月儿、星儿都成了追随灵魂去收脚印的伴儿，她的文字细腻而平和，可字里行间却满含欲去还留的不舍之情，打动人心。

朱自清高度赞扬了这份作业，并且将它推荐给了

《大公报》文艺副刊的编辑沈从文先生。1933 年 12 月 30 日，该文章被刊登出来。

杨绛的文章能获得朱自清的青睐，是一种幸运，也是一种必然。

那些被杨绛读进心中的书，即便不在这篇文章中让其绽放光彩，也能在其他文章中让其笔墨生花，一切只不过是早晚的事而已。

文章发表后，《大公报》还给了她五元的稿费。

虽算不得多，却是对她文字的一种肯定，是对她过往努力的嘉奖，这于杨绛而言意义重大。杨绛经过思考，决定用四元钱来买毛线，给母亲唐须嫈织一条围巾，用剩下的一元钱买当时很出名的天津起士林的咖啡糖。她用这最简单、最直接的方式，与家人分享她的喜悦。

努力就会有收获，杨绛收获的这颗果实也许还不饱满，却是成功的开始，它激励着杨绛不断前进。

之后，杨绛又创作了短篇小说《璐璐，不用愁!》，将一群与当时的她年纪相仿的青春少女面对爱情的悸动和犹豫描写得生动传神，引人入胜。这篇文章同样得到了朱自清的赞赏，被他推荐刊载在《大公报》文艺副刊上。后来，还被选中收入由林徽因编辑的《大公报 · 文艺副刊小说选》中。

杨绛的写作之路由此开启。

年纪轻轻便拥有满腹才情，并且小有所成，这对于杨绛来说，自然是值得高兴的事。不过，她却没有迷失自己。文学的世界就像是一片浩瀚的海洋，她所触碰到的不过是冰山一角，她知道若想获得更大的成功就必须付出更多的努力，志得意满、止步不前只会断掉自己前进的路。

杨绛很喜欢清华大学的图书馆，在她看来，那就是一处可以充盈自己头脑的宝藏。

入宝山而空手回，不是杨绛想要的，面对着那么大一处图书宝藏，她恨不能将自己埋进去，整日整夜地读。

机会总是留给有准备的人的。

杨绛努力读书，就像是静水深流，日子久了，便让她从骨子里散发出一种馥郁芬芳，更为她之后的人生铺平了道路。

不论是写文章，还是进行剧本创作，不论是进行翻译，还是做学术研究，杨绛总能抓住机遇，绽放华彩，获取成功。

这不是偶然，而是必然。

这是时光对她努力的回馈，是对她付出的回报。

越努力，越幸运。越努力，我们前面的路才越宽，我们的人生才有更多种可能。

我们每天多努力一点点，不为挥毫泼墨、笔下生花，也不为光彩荣耀、举世无双，只为我们能活成自己想要的模样，只为我们可以自由地进行选择，过我们想要的生活。

越努力越幸运，幸运就在前面，现在你在努力吗？

读书，是一辈子的事

看书是杨绛的一大嗜好，有一次杨荫杭问她：“阿季，三天不让你看书，你怎么样？”

杨绛听到父亲问，便回答说：“不好过。”

杨荫杭又问：“一星期不让你看书呢？”

“一个星期都白过了。”

在杨绛看来，不读书的日子是索然无味的，那样的生活就像是杯中的白水一样，没有滋味，也没有波澜，日复一日，了无生趣。

杨绛爱读书，甚至爱书成痴，嗜书如命。她爱书爱了一辈子，岁月苍老了她的容颜，可是她爱书的心在经历了百年流光之后，却一如当初。读书，是她坚持了一生的事业，不论生活多苦，她从未放下。

小时候，杨绛乖顺懂事，每次做完功课后，她都喜欢依偎在父母身边。

杨荫杭有睡午觉的习惯，杨绛知道他喜欢有人在身边陪着，却又不想被人出声打扰，所以她就坐在杨荫杭的身边看书，一点儿声音都不出。小小年纪，她就能收敛起玩心，醉心于书海之中。

读书能让人的思想丰满，让人充满智慧。

一本书像一艘船，带领我们从狭隘的地方驶向生活的无限广阔的海洋。

杨绛读书颇多，她不拘类型，只要是喜欢的就都要看看。大抵也是因为这样的习惯，她才修得了满腹才情，才能在年纪尚浅的时候，就写出“世人皆为利，扰扰如逐鹿。安得遨游此，翛然自脱俗”的句子。

国文老师说杨绛“仙童好静”。杨绛的静雅淡泊、宁静安然，正是书籍赋予她的气质，是知识为她塑造出的傲骨。

杨绛在去清华大学借读之前，在东吴大学读书。

那时候东吴大学没有文学系，杨绛只能在权衡之下选择政治系，但她对此并不感兴趣，所以她将大部分时间都放在了图书馆。

东吴大学的图书馆藏书数量十分庞大，中外名著应有尽有，杨绛像是找到了一个宝藏，如饥似渴地在那里汲取知识。她尤其喜欢外国小说。东吴大学图书馆中众多的原版英文书，满足了她对书的渴求。

在看了大量的原版政法书和文学书后，杨绛的外语水平迅速提高，为她以后做翻译打下了良好的基础。

读书是件安静的事，“赌书消得泼茶香”又是件幸福的事。

在这世上，能遇到一个志同道合的知己、爱人，并且相伴一生，共同做一件让彼此都觉得欢愉幸福的事，是上天恩赐的福气。

刚好，杨绛遇到了那个人。

钱钟书和杨绛一样，也爱极了读书，他喜欢徜徉在书海里。在国外留学的时候，他和杨绛对坐读书，分享书中的句子和故事，或者比赛看谁学语言更快。他们的志趣相投，让读书多了几分爱情的味道。

在牛津大学的那两年，除了完成课程，他们两个人常泡在图书馆里，文学作品、哲学、心理学、历史等书籍，只要是感兴趣的，他们都会阅读。

兴趣是最好的老师。

读书是杨绛和钱钟书的兴趣所在，他们享受读书的时光，没有书可读，于他们来说，就像是生活里没有阳光，沙漠里没有绿洲一样。

读书这件事，除了爱好之外，还需要规划和坚持。

“自律”两个字，就显得特别重要。

只有自律的人才能享受自由，否则，他的自由很可能只是虚度光阴。

杨绛便是个很自律的人，尤其在读书这件事上。

和钱钟书公费学习不同，杨绛的课程相对轻松。拥有时间的掌控权，对杨绛来说是一种恩赐的特权，她高兴极了。

为了将这些时间充分利用好，杨绛自己做了详细的安排。

一直认为自己在文学方面是有所欠缺的，所以杨绛给自己安排了阅读表，上面罗列了她所有要看的书。计划表上的书目不只是一堆规划中的名字，杨绛用自己超强的执行力，将它们变为了脑海里的知识，变成了她最宝贵的财富。

那时候，杨绛在图书馆中占据了一个固定的位置，一有时间，她就会过去读书。读书和思考从来都是分不开的，“学而不思则罔，思而不学则殆”，说的正是这个道理。杨绛一边读书，一边思考做笔记，极为用心。

图书馆清静，不会有人打扰，想看的书就在手旁，读到兴致盎然处还可以和钱钟书分享，这一切对于杨绛来说简直就像是身处人间天堂。

在国外留学的日子，于杨绛来说是轻松的。

那时候，她还不识愁滋味，没有被动荡的岁月和严酷的生活辗转碾压，她的心里只有钱钟书和读书两件事，她的日子简单而平和。

可生活不会一直让人称心如意的，让人永远无忧无虑的是童话，而生活则是酸甜苦辣糅杂其中，欢喜悲愁尽在心头。

自杨绛和钱钟书回国之后，他们的生活发生了不小的变化。

抗战期间，他们在颠沛流离中艰难生存；解放战争胜利后，他们去清华任教。杨绛和钱钟书的生活，随着国家一起起起落落。

可饶是在这样的情况下，杨绛依旧没有放弃读书。

不但如此，杨绛还在这段跌宕的时光里接触了戏剧，完成了多部翻译作品。

她在困难的岁月里，让自己的事业开出了绚烂的锦绣繁花。

成功是很容易让人满足的。那些夸赞和光环会让人沾沾自喜、志得意满；它们也会消磨人的斗志，让人忘记初心。

但是杨绛没有。

那些于她来说，不过是浮光掠影，她心底会为自己的成就高兴，却不会因为这些成就将自己困在一个虚幻的梦里，让自己忘记了什么是现实，忘记了该做的事。

活到老，学到老，杨绛将读书作为自己的事业，坚持了一生。

1977 年，生活的黑暗渐渐消散，他们迎来了崭新的生活。杨绛和钱钟书搬到了三里河南沙沟的国务院宿舍，房子三室一厅，十分宽敞。他们并没有对房子进行过多的装饰，节俭了一辈子的夫妻俩并不追求奢侈享受，他们将客厅变为书房的一部分，而后打造了几个大书架，上面摆满了古今中外各种图书，像是个巨大的图书馆。

这些书不是摆设，每一本，杨绛和钱钟书都读过。

杨绛称呼钱钟书为"书痴"，其实她自己亦然。只要是没看过的书，他们都有兴趣读一读，而且读的书不限于中文书籍，他们也会动用一些渠道去买外文书。向来生活节俭的夫妻俩，在书籍的问题上却从没有吝啬过。

时间是有限的，杨绛和钱钟书在读书上花费了太多时间，自然在其他事情上会有疏漏。外界对他们有许多误解，对此，杨绛和钱钟书从来都不争辩，相比而言，他们宁可将那争辩的工夫用在读书上。

一日无书，百事荒废，用这八个字形容杨绛和钱钟书，十分贴切。

生命短暂，余生不长。杨绛和钱钟书都努力将不多的空余时间花费在读书上，做他们觉得更有意义的事。

这期间也许有人不理解，可他们自己明白，这是对的。

读书，是一辈子的事。

于杨绛如此，于我们亦然。杨绛将读书这份事业坚持了一生，你呢？

那些年，她做到了全身心投入

杨绛拥有一颗淡泊心，对于名利并不看重，尤其是对于做官这件事，更是有自己的坚持。她不愿意做官，哪怕是大学的系主任也不愿意做，她一直觉得安心做学问最好。

这是杨绛的坚持，一生如此。

细细回想，杨绛这一生做过的最大的官，大约就是振华中学上海分校的校长了。

当校长的这段经历于杨绛而言，是特殊而又珍贵的。在那段时间里，她体会到了做事业的艰辛，也更明白了遇到困难时要坚持。她品尝了努力过后有所收获时的喜悦，也感受到全身心投入到事业中忽视家人所带来的愧疚。这所有的一切，融汇成了一支笔，在时光的长卷上，将那段记忆渲染出了绚烂的颜色，成为她生命中浓墨重彩的一笔。

从不做官的杨绛，这次做校长大约算是成功的，她的成功源于她的努力，源于她全身心地投入。

那是杨绛回到上海以后的事情。有一天，母校振华女校的校长王季玉找到了她。

国家动荡，哪有什么真正的安稳，人活着尚且不易，学校的经营维持自然会更难。苏州沦陷，振华女校被迫关闭了。王季玉来找杨绛，就是为了筹建振华分校。

“振华，振华，振兴中华!”

这在王季玉看来，这不是一句空洞的口号，而是一种信念，一种信仰。

国家陷入黑暗之中，人心也随之沉沦，颠沛流离，所有人都在苦痛的边缘挣扎。这“振华”二字，像是一盏充满希望的明灯，于黑暗中给所有人一束光，虽然照不亮这黑暗的世界，却能照亮人心，能让人心里充满温暖和希望。

王季玉希望振华女校能重开，于动荡的岁月中为国家尽一份力。

为了筹建振华分校，王季玉奔波已久，这次找上杨绛，就是希望她能出任振华女校的校长。在王季玉看来，这个位子非杨绛莫属。

不论是出于对母校的感情，还是由于被恩师感动，想要在动荡的岁月里尽自己的绵薄之力，杨绛都愿意为振华女校做些实事。只是她觉得校长这职务并不适合她，于是连忙推辞，她表示教课可以，但是做校长真的不行。

可王季玉像是早就料到了一般，她说已经在教育系统立案了。

不愿做官，只想专心做学问的杨绛，心里矛盾极了。她不想改变自己的意愿和坚持，可是面对着王季玉，面对着这在阴霾和苦痛中不断沦陷的国家，她又没有办法拒绝。在杨绛的心里，杨荫杭是最理性、最睿智的，所以她忍不住去请教父亲应该怎么办。

杨荫杭了解振华女校，也了解王季玉的人品，他建议杨绛说："此事可做。"

父亲的支持、恩师的请求，以及杨绛自己对母校的感情、对国家的期盼，这所有的因素糅杂在一起，让她在经过一番深思熟虑之后，决定答应下来。

建校并不是一件容易的事，尤其是在那个动荡的年代，工作开展起来更难。

杨绛过来任职，起初什么都没有，包括工资。

可既然选择了开始，就不会因为这些停下，她心无旁骛全身心地投入到工作中。她开始忙着选址，租下合适的地方当学校，忙着选聘老师，安排相应的课程，忙着学习做预算、做薪水，忙着学习统筹所有的老师，并对他们进行最有效的管理……

万事开头难，可不论怎么难，都没有阻拦下杨绛风雨兼程的脚步。

这世上的事，或许本来就没有几样是容易的，我们亦步亦趋、跌跌撞撞，仍难逃困难拦路、风雨侵袭。可是，就像风雨会停，之后还会有晴空一样，困难也不是没有尽头的，只要我们坚持下去，就能看到柳暗花明。

杨绛在困难中坚持着，也坚持到了峰回路转、宽阔坦途的一天。

1939 年，筹备了一年的振华女校分校开始招生了。杨荫杭推荐了几个老师，杨绛也推荐了几个人过来，分别任各个学科的老师，而她自己也没闲着，她教高三班的英语课，振华分校由此开始走向了正轨。

杨绛是个很有责任心的人，尤其是对于她认为有意义的事，她可以全心全意地付出，不求回报。做校长以来，杨绛一直兢兢业业，全身心地投入工作中，不畏困难，不惧疲倦。

时间是有限的，工作占用了太多的时间，不可避免地会挤压陪伴家人的时间。

如何平衡工作和生活，是我们在生活中常遇到的问题，杨绛也面对着这个难题。

女儿钱瑗很喜欢和杨绛玩，每当看到杨绛走进家门，阿瑗就会紧紧地跟在她的身后，像个小尾巴似的，不愿离开。但是阿瑗也很懂事，她知道一旦杨绛坐下打开本子，就意味着不能继续陪她玩了，她会乖巧地走开，纯净的眸子里还会带着点儿难过。

孩子的想法是简单的，小阿瑗觉得，是那些本子抢走了她的妈妈。所以，有一次便忍不住用自己嫩嫩的小拳头捶那些本子，一双眼睛里带着委屈的眼泪。

那一刻，杨绛热泪盈眶，是她欠了女儿一份陪伴。

这世上，不论做什么，没有人是随随便便就能成功的。那些表面的淡定和从容背后，必然也有着辛苦和心酸。只是，坚强有韧劲儿的人会将这些生活的苦楚都咽下去，慢慢沉淀，让它们也融为自己的经历，积淀出从容不迫、宠辱不惊。

在那段日子里，杨绛对女儿阿瑗是心有亏欠的，但是，她将一切都咽了下来。

有人说当你全身心投入某件事的时候，坚持不再是难事，放弃才难。

杨绛自然是爱钱瑗的，她也想给女儿最好的陪伴。可另一边是她的事业，且不说振华女校的筹办她投入了多少汗水和心血，单说在那个动荡的时代里，振华女校背后还站着一群怀抱着“振兴中华”期望的师生，她就不能放弃，不能停下。

在那段时间里被杨绛冷落的，还有钱钟书。

那时候钱钟书在西南联合大学教书，工作相对轻闲，但闲时寂寥，也不免让他思念泛滥。之前在国外时他和杨绛朝夕相伴，不论发生什么都有她在身边，钱钟书心里觉得踏实。可刚回到国内就和杨绛分开了，他只能以写信的方式，将每天发生的事一点点地记下来，邮给她看。

那阵子钱钟书没少给杨绛写信，信一封封地发出去，可收到的回信却少之又少。

杨绛实在太忙了，忙到无暇回信。

陷在爱情里的人，大约没有一个是愿意被忽略的，钱钟书写下“万念如虫竞蚀心，一身如影欲依形”以表达没有杨绛在身边，也没有她的回音时，他形单影只的孤独。但是，这种孤独并不会吞没他的理智。对于杨绛全身心地投入事业中才对他有所忽视，钱钟书并没有太多的抱怨，相反，他对杨绛做事业很支持。他觉得杨绛一身才华，满腹情怀，就应该去做她想做的事。

只是，钱钟书心疼杨绛。

他心疼那个娇小柔弱的女人，在动荡的乱世里为学校的事情四处奔走，疲惫不堪。他心疼她那消瘦的肩膀上承担了太重的担子，却没人能替她分担。

这就是钱钟书对杨绛的爱，这份爱叫理解，叫支持，叫疼惜，叫珍重。

在那段忙碌的日子里，于女儿、于丈夫，杨绛是有愧的，可是于事业、于恩师、于学校、于学生，她问心无愧。

不过半年，杨绛就把振华女校经营得有声有色。

振华女校一直维持到太平洋战争爆发，之后停办，杨绛的校长经历也因此而告一段落。振华女校的校长，这是杨绛一生做过的最大的“官”，她做得兢兢业业、勤勤恳恳，做得坦坦荡荡、无愧于心。

岁月荏苒，于沧桑处回首，想起那段日子，杨绛大约是能欣慰地笑的。

因为当时全身心地投入事业，所以她无愧无憾。

生活在这个世上，我们每个人都有自己要做的事。

也许你在外打拼，辛苦地做事业，尝尽了拼搏的辛酸；也许你留在家里，照看着一家老小，整日里都是柴米油盐；也许你还在读书，在书海中遨游，不知人生艰苦；也许你已小有所成，于纷乱艰难中得到了片刻的娴静安然。不论你在做什么，都应该用心去做，就像杨绛，全身心地投入自己的事业中，兢兢业业，不畏艰难险阻，不轻易放弃。

时光不会辜负每一份付出，这样坚持着、努力着，总会有所收获。

柳暗花明就在前面，繁花盛放也在前面。

全身心投入，风雨兼程，勇往直前，你准备好了吗？

不气馁，才能绽放花蕾

风会吹，也会散；雨会下，也会停。

人生总免不了会遇到逆境，会遇到不如意，但是逆境不是人生的全部。只要我们坚持，不气馁，生活终会在阳光下开出花来，成为最美的风景。

杨绛就是一个在逆境中坚强生长，努力盛放的人。

战争让岁月变得动荡，人心也随之颠沛流离。

那时候，很多人通过话剧的形式把对生活的压力和对局势的看法表现出来，这种带有共鸣式的表演，深受大众喜欢，很多话剧团应运而生。当时，黄佐临、柯灵、李健吾和陈麟瑞几个人也组建了上海职业剧团、苦干剧团等剧团。

剧团很多，但是好剧本却是可遇不可求的，很多剧团为了找个好本子，四处奔波，煞费苦心。

就是这样的形势，给杨绛带来了事业上的春天。

1942年冬天的一个晚上，陈麟瑞改编的剧作《晚宴》上演了，为表庆祝，他做东请钱钟书夫妇和李健吾吃烤羊肉。这家饭馆的烤羊肉十分特别，众人中间围着一盆柴火，羊肉就在柴上烤，火苗会蹿得很高，必须用两尺多长的大筷子才能将羊肉夹出来。

这种特别的吃法让陈麟瑞兴致勃勃，他介绍说这是来自蒙古人的正宗吃法，很有民族特色。

陈麟瑞的话让博览群书的杨绛想到了不少相关内容，她一一与大家分享。故事讲得绘声绘色，大家听得仿佛置身其中，好像亲眼看到了一般。这让陈麟瑞激动不已，他忍不住对杨绛说："何不也来一个剧本？"

虽然读过很多书，也写过不少文章，但对于剧本创作，杨绛并没有什么经验，她甚至连看话剧的次数也很有限。面对一个全然陌生的领域，杨绛并没有多少信心，可因为朋友的一再鼓励，她还是决定试一试。

执行力素来超强的杨绛，很快便着手创作《称心如意》。

我们时常说，隔行如隔山。

同样是与文字打交道，但是剧本的创作与写文章又大有不同。因为这是头一遭，所以杨绛对自己的剧本处女作十分谨慎。她反复研磨，仔细推敲，一直到觉得差不多了，才将稿子交给陈麟瑞指导。

可即便她很努力，很小心，陈麟瑞还是发现了很多问题。

他看过后对杨绛说："你这个剧本，做独幕剧太长，做多幕剧呢又太短，内容不足，得改写。”

陈麟瑞的话说得很率直，若是换作其他人，不免会气馁，甚至放弃。

现实就是这样，当我们努力去做一件事的时候，我们的潜意识中希望得到肯定，一旦达不到自己的预期，心里便会有失落感。这种失落感就像是汹涌的浪潮，可以轻而易举地将我们的信心淹没。热情不复当初，动力崩塌溃散，想要继续，却愈发步履维艰。

这个时候，放弃比坚持更容易。

可杨绛不是个轻易就会被打垮的人，她更不会轻易放弃。

她心里很清楚，所有的追求和梦想都需要一个持之以恒的过程，狂风暴雨、冰山触礁、波浪滚滚，这一切都拦着我们前进的脚步，可只要我们不退缩、不气馁，终有一日我们能乘风破浪，“直挂云帆济沧海”。杨绛相信，人生是没有绝路的，困难在眼前，但希望也一定不远。

跌倒不可怕，失败是成功之母，跌倒的次数多了，我们便知道应该如何避开牵绊，不再摔下去，这路我们可以走得更稳、更顺。

生活不会给我们太多哀叹和感伤的时间，跌倒了就要立刻爬起来，然后继续向前！

知道自己没有写剧本的经验，是个实打实的门外汉，创作过程中存在问题是难免的，所以，杨绛不会把陈麟瑞提出的意见当成是一种否定，她反而觉得那是一种指引。她不但没有因此而气馁，相反，她在这种否定中找到了方向。

认真地参考了陈麟瑞的建议，杨绛把之前整段的大故事拆成了四幕剧。她细心修改，反复斟酌，一直到自己比较满意之后，才将稿子重新交给陈麟瑞看。

陈麟瑞看过改写的本子后欣喜不已，他很快便把本子交到了李健吾的手中。

没几天，李健吾便给杨绛打了电话，说《称心如意》立刻排演，黄佐临亲自导演，他也会登场参演。这个电话，让焦心等待结果的杨绛长舒了一口气，她心里高兴。剧本的创作过程就像是她用心滋养了一株鲜花，几番周折风雨过后，终于迎来了繁花盛放。

1943 年春天，经过紧张的排练，《称心如意》正式公演。

杨绛的作品第一次被搬上舞台。

《称心如意》将 20 世纪 30 年代浮华背后的真实大上海描绘得淋漓尽致，更将各不相同的人物刻画得入木三分。笑与泪相融合、幽默和辛酸相交织的故事，引起了巨大反响，《称心如意》一鸣惊人。

大家的认同，于杨绛来说，就是最大的鼓舞。

之后，杨绛文思泉涌，一鼓作气创作了《弄真成假》《游戏人间》和《风絮》。

有人说，人们之所以喜欢看戏剧，是因为在一场戏的时间里，我们可以看到另一个世界的喜怒哀乐、阴晴圆缺，我们能够在戏中找到自己的影子，也能看着戏中人物去做我们在现实中不能做的事，说我们无法说出口的话。戏剧是我们的缩影，又是我们宣泄情绪的出口，是希望之门。

而杨绛的作品，正是用细腻的文字让真实的生活跃然纸上，呈现在舞台上。

那不只是戏，更是生活。

杨绛成功了，从《称心如意》一鸣惊人，到《弄真成假》成为中国话剧界的经典作品，她描绘了现实世界的人间百态，更记录下了自己的成功足迹。

杨绛的成功，源于她殷实的语言功底、深厚的文学素养，以及留学的经历和她对生活细致入微的观察力。这些都没错，但她的成功更源于她的坚持和不气馁。

没有人能随随便便成功。

那些看起来云淡风轻、轻松容易的背后，必然也有血泪和不容易。

就像我们在看话剧时，在看到人物表面故事的同时，也要看到他们背后的辛酸苦楚一样，我们在歆羡别人的荣耀成功时，也要看到他们背后的努力和坚持。

上天不会特意偏爱谁，所有的光耀背后，都必然有汗水。

雨有急有缓，路有平有坎，事有逆有顺，生活有悲有喜。想要获得成功，让自己的生命之花盛放，我们就要学会在风雨中昂着头，坚定地向前走。不气馁放弃，不绝望悲戚，逆境就有转机。天黑是一时的，没有谁能阻挡黎明的到来。

让我们带着一颗强大的心，风雨兼程，不惧挫折，不惧失败。

遇到困难时，告诉自己再努力一点点，风雨总会过去，成功不会太遥远。想要放弃时，告诉自己再坚持一下下，冬去春来、柳暗花明或许就在下个路口，繁花盛放就在明天。

让我们像杨绛一样，心怀希望，努力向前。

没有最好，只有更好

这世上的很多事，似乎都没有最好，只有更好。

就像我们站在山顶，可头上还有星空，我们飞上蓝天，上面还有白云一样，我们总会在自己的位置上发现一些更美的风景。

我们想要追求完美，因而不断尝试修正，不断挑战自己，可最终的结果或许并非尽善尽美。但我们不必忧伤难过，因为所有的努力和付出，所有的精益求精，最后带来的至少是相对进步，是无愧于心。

杨绛也是个精益求精，努力做到更好，无愧于心的人。

对于文字，杨绛保有虔诚和敬畏，虽不求“笔落惊风雨，诗成泣鬼神”，但也希望能字斟句酌，让自己的文字拥有灵魂和温度。为此，她曾不懈努力。

在西方文学界，《堂吉诃德》具有举足轻重的地位，它是欧洲最早的长篇现实主义小说之一，被翻译为上百种文字，是世界文学的瑰宝。

当《堂吉诃德》准备被翻译为中文时，编委会的领导林默涵选择将这个任务交给杨绛。

之前，林默涵便看过杨绛翻译的作品，认为其翻译水准极高，他希望杨绛能够以精准的文字还原《堂吉诃德》的故事和灵魂，让这部文学巨著以汉字的方式在中国大地上绽放华彩。

能够得到翻译《堂吉诃德》的机会，于杨绛的翻译水平来说，已然是一种肯定。

可是，她并不满足于现有的水平。

孤芳自赏，故步自封，只会让我们在短暂、虚幻的繁华中沉沦，让我们失去向前的斗志和能力。杨绛并不想如此，她想要做得更好。

为了能更准确地翻译《堂吉诃德》，杨绛做了很多准备。

她开始自学西班牙文，并且选择了西班牙皇家学院院士马林编注的最人权威性的《堂吉诃德》版本开始翻译，她反复诵读作品，一次次细心地去品味作品的意境内涵，力求能够体会到作者创作的初心，尽自己所能翻译出贴合作者心意的作品。

所有的创作，大抵都是漫长的。

字斟句酌，反复推敲，写下的每一个字都凝聚着杨绛的思想和心血。

于杨绛而言，那不是浮于纸上的文字，而是她的汗水和智慧，那就像是她的孩子，是她最宝贵的财富。

可后来，《堂吉诃德》因一些现实原因被人拿走了。

所有的失去，都泛着一种苦涩。

往事已成空，还如一梦中。那些曾经捧书夜读的时光，那些曾经奋笔疾书的岁月，随着《堂吉诃德》被人拿走，也变成了一场虚幻的梦。多年的努力一下子就成了泡影，化为灰烬，沦入尘埃。

区区难过、痛苦等词，大抵是无法形容那时杨绛心中的滋味的。

好在杨绛足够幸运，后来她在一个偏僻的储藏室中打扫卫生时，在废纸堆里看到了绑得严实的稿子。这对于杨绛来说，就像是与失散亲人的久别重逢。更为幸运的是，在不久之后，失散许久的《堂吉诃德》终于光明正大地回到了她的手上。

品尝过失去的滋味，才更懂得珍惜。

《堂吉诃德》翻译稿的失而复得，在杨绛的心中留下的不只是庆幸，它也赋予了《堂吉诃德》更重的意义，让杨绛对《堂吉诃德》更为珍视。

只是，或许岁月的美好就在于，所有的经历在风雨过后，都会化作一种心灵的沉淀，我们经历得越多，积淀得也就越多。这些在岁月的磨砺中沉淀出来的智慧，能够拉长我们生命的长度，也能够拓展我们生命的宽度，增加我们生命的厚度。

我们的生命因为磨砺而丰满，我们的思想因为磨炼而成熟。

动荡的岁月里，杨绛经历了许多事，这一切都成为她生命中宝贵的财富，带着它成长，让她更为冷静理性，思想更为成熟深刻。

阅尽千帆的杨绛重新翻开自己之前翻译的《堂吉诃德》稿件，找到了诸多不满意的地方。她反复琢磨，总觉得还能翻译得更好。

诚然，这些稿件饱含了杨绛的心血，带着她过往努力的印记，甚至烙印着那段岁月里她的挣扎和不安，是极为珍贵的财富。可是，比起以过去的努力和不易来感动自己而言，杨绛更希望感动自己的是笔下的文字，她更希望能够以优秀的翻译作品来感动所有人。这是她对文字的虔诚，更是她对自己的要求。

我们不能永远抱着过去活着。

我们更不能让过往的付出和不易禁锢了自己前进的脚步。

就像杨绛，之前她翻译《堂吉诃德》付出了诸多的辛劳和汗水，也在动荡的时代中因为失去稿件，饱受内心的折磨，可是当她察觉到自己翻译的《堂吉诃德》还能更好时，她无惧于放下过往，重新开始。

杨绛重新翻译《堂吉诃德》，精益求精，更为用心。

后来，她回忆自己翻译这本书的时候，曾这样说过："我翻译的时候，很少逐字逐句地翻，一般都要将几个甚至整段文的句子拆散，然后根据原文的精神，按照汉语的习惯重新加以组织。"

这无疑是耗费时间和精力的，为了保证翻译质量，杨绛每天只翻译五百字，数量虽不多，但字字珠玑。有时候，一个句子，杨绛会采用几种翻译方式，写出来后一一对比，斟酌推敲，直到她找到最合适的那一种。如果依旧不满意，那她会重新查找资料，再继续反复尝试推敲，力求达到完美。

于杨绛看来，翻译不只是简单的单词转换，翻译是故事的传达，是思想的传承。同样的故事，同样的思想，用更为精美准确的文字表达出来，呈现在读者的面前，让他们领会作品的灵魂，这才是真正的翻译。

杨绛说自己是"一仆二主"，同时伺候着原文"主子"和译文读者这个"主子"，力求让双方都满意。

显然，在不断的打磨雕琢之后，杨绛成功了。

杨绛翻译的《堂吉诃德》一经出版，很快便受到了西班牙方面的高度肯定，而且深受读者喜爱，总印数多达七十余万册，读者排队购买，盛况空前。

这是对杨绛的努力和精益求精的最高赞誉。

人说，放任自己随心所欲远比要求自己精益求精更容易，但是人生的高度会告诉我们：想要人生有多高的高度，就要对自己有多高的要求。杨绛对自己的高要求，不但给万千读者打造了一部经典，给了大家一种心灵上的享受，也使自己在翻译路上更上一层楼。

在这一点上，杨绛是成功的。

我们时常会说成功不易，但细细思量，成功也算不得多难。

成功最害怕两样事：认真和坚持。

我们认真做事，精益求精，力求达到更好；我们持之以恒，坚持把事情做完，有始有终：我们就是成功的。这种成功，也许不是你最初追求的那种完美结果，但它绝对是无愧于心、无愧于付出的。

经历过风雨的花，会更娇艳更坚韧；品尝过努力辛酸的成功，会更甘甜更动人。

愿你有精益求精的勇气和毅力，也愿你能够品尝到最甘甜的果实。让我们把目光放远，有更高的追求，让我们将脚步走实，稳扎稳打。

愿岁月不负努力，更愿我们不负流年。

做散工，却不懒散

海阔凭鱼跃，天高任鸟飞。

路就在我们的脚下，能走多远，又能走出怎样的高度，遇上怎样的海阔天空，都是由我们自己决定的。只要我们不禁锢自己的脚步，那我们就能一直走下去，只要我们不因为困难而放弃，那我们就能走得更远。

向前奔跑，迎面吹来的风都带着春意，透着生长的积极。

只是，奔跑不意味着乱跑。

巨轮行驶在浩瀚无边的大海上，若不知方向，如同无头苍蝇似的乱撞，难以到达理想的彼岸；找准方向，向着自己想要去的远方迎风破浪，才能活成自己想要的模样。

杨绛素来是个不忘向前的人，但她的向前并不盲目，她知道自己的梦是什么，也知道方向在哪儿，她知道如何朝着梦想努力，所以她能一路风雨兼程。

追求自己想要的生活，追求自己的梦，这条路并不好走。坎坷和意外，美好和诱惑，都可能潜伏在前方。它们以好的或坏的模样，拉扯着我们的脚步，想让我们停下来。内心坚定的人，目标永远在心头，他们能将这好与不好的一切都看成是浮云般的风光，欣赏却不被羁绊。

杨绛是个坚定的人，她永远都在一步步向自己想要的生活迈进。

1949 年 5 月，上海正式解放。

压在头上的阴云终于散去，大家跌宕的心也终于得以喘息。那时候，杨绛和钱钟书的母校清华大学发来邀请函，聘请他们做外文系教授。

清华是他们夫妻俩梦想开始的地方，也是他们爱情开始的地方，他们深爱着清华。尤其是钱钟书，曾因为去蓝田而放弃在清华的工作，他的心中有不小的遗憾，如今能够重回清华，于他而言不止是一种荣誉，一种肯定，更是一个弥补遗憾的机会。

没有丝毫的犹豫，杨绛和钱钟书直接带上钱瑗，坐上了北上的火车。

当时清华大学有规定，夫妻二人是不能同在学校做正式教授的，所以钱钟书入职做正式的教授，教大二英文，还开设了西洋文学史和经典文学之哲学等课程，并辅导研究生的学习。而杨绛则选择做了兼职教授，教英国小说选读。

杨绛自嘲是个“散工”。

不过，她并不因为自己是个散工而忧伤，相反，她很享受散工的生活。哪怕之后这条规矩被废弃了，学校邀请她做正式的教授，她依旧坚持做散工。

散工是有专属福利的，很多会议他们可以名正言顺地不去参加，虽然课程安排不比专职老师少，但总归要自由一些。

杨绛喜欢自由，她喜欢能自己掌控时间，做自己愿意做的事。

在杨绛这儿，自由从来都不意味着放纵，她是个散工，却从不懒散。工作之余，杨绛的心里只藏着一件事：读书。

我们常说心像是海洋，能够容纳百川，装进很多事，包容很多事。可是，有时候心也很小，装进了梦想后，就再也没有余地去放其他的东西了。

杨绛的心里除了这个家之外，就只有读书，再无其他。

那时候，新中国刚刚成立，赶走了黑暗、迎来黎明的国家，开始变得多彩。当时校园内的不少女性也开始追赶潮流。灰色的长裤，以及胸前有两排扣子、腰间带有一个皮带的列宁装成为许多人追捧的时尚。但是杨绛却从不追求这些，她依旧喜欢那一身上海旗袍，若是坐洋车的时候，还会打一把伞，这样便已足够。

生活对我们越宽容，我们越要知道自律。

眼前的流光溢彩、纸醉金迷就像是娇艳的罂粟，美丽却带毒。它可能能带给我们新奇的享受，但也可能腐蚀我们的意志，让我们被声色犬马、醉生梦死迷了眼，忘了前面的路该怎么走。

而在杨绛心里，这一切都只是路上的风景，欣赏过了也就过了，她不会为此停下脚步，因为梦想还在路的尽头召唤着她，她要向前。

钱钟书和杨绛一样，也是个不追求生活奢华，只求一心做学问的人。

他们的家布置得十分简单，一张西式的长台桌，几把椅子，就再没什么家具了。不过，值得一提的是，他们家中有许多从清华大学图书馆借来的书，那些书几乎遍布屋子的各个角落，成了一道别样的风景。

杨绛和钱钟书从不觉得这样的日子清苦，相反，他们很爱这个小家。

这里有他们喜欢的书，也有他们爱的人，在家中读书成了他们最惬意的时光，这样的人生于他们而言，充实、自在。

因为简单而纯粹，因为纯粹而专一。

杨绛和钱钟书一直坚持着简朴的生活，也一直坚持着心中的梦，不断向前。

做散工的杨绛，时间相对富裕，她便利用这些时间读书、做翻译。杨绛的翻译生涯是在抗战结束后开始的，当时她正读奥利弗·哥尔德斯密斯的散文《世界公民》，忍不住挑了其中一段翻译，并加了个具有中国特色的标题，刊登在了《观察》上。

杨绛的翻译稿，得到了傅雷的夸赞。

当杨绛听到傅雷的称赞时，以为这只是他照例的敷衍或客套，所以便照例谦逊地回了一句。傅雷在忍了一分钟后，还是忍不住用深沉的语气说道："杨绛，你知道吗？我的称赞是不容易的！"

傅雷从不轻易夸赞谁，可是他却毫不吝惜地将盛赞给了杨绛。

这是一种欣赏，一种肯定。

我们常说付出是不求回报的，我们也说，追梦的路上会有很多不如意，好的结果或是不好的结果，我们都要坦然接受，来路还长，我们还可以继续努力。这话没错，这些话激励着我们不断向前。可我们也不得不承认，就像没有人会不喜欢赢的感觉一样，自己的努力和付出有所收获、有所回报，那感觉很棒。

生活给了杨绛时间去努力，而她也用努力换来了一份丰硕的果实。

做散工，却不懒散，她是果实之母。

杨绛喜爱翻译工作，有了初次的尝试之后，她便在这件事上投入了更多的时间和心思。

《小癞子》是西方文学史上的第一部流浪汉小说，杨绛喜欢书中幽默的文学表达方式。用幽默的语言让人很自然、很容易地接受一个深刻的故事，这是文字的一种魅力。杨绛深受吸引，所以决定翻译这部作品。

杨绛对这本书十分重视，先后翻译过两个版本，并反复修改。力求最接近原著，又有中文特殊的文学色彩。

无疑，这又是杨绛的一个成功。

我们都说天很高，可是天再高又怎样，只要我们努力踮起脚尖，就能离阳光更近。我们常觉得梦想遥远，可其实只要我们找到了方向，勇敢地踏出自己的脚步，坚定地向前，我们就会离它越来越近。

带着梦的翅膀，怀揣着乐观和坚持，让我们勇敢地向着自己选定的目标迈进！

繁华一路时，不被乱花迷了眼，跌宕坎坷时，不被挫折吞噬了勇气，这样我们就能一直向前，越来越接近梦想，变成自己想要的模样。

海阔天空就在那儿，任由所有人去飞。

你准备好飞翔了吗？

第五章

动荡的是岁月，不是人心

没有永远无恙的岁月，只有波澜不惊的处事态度，这人世间真正的平和，来自于内心的安定。她是一个优雅从容的女子，于动荡的岁月中，守着一颗坚毅的心，将苦日子过甜。她是一株盛放的莲花，出淤泥而不染，清纯动人；她是一朵淡雅的素菊，于萧瑟中平和，寂静流年。

我的国，我的家

国和家，从来都是分不开的，它们都意味着归属，也蕴含着温暖。

动荡不安的年代，人心就像是随水飘零的浮萍，在乱世纷扰中跌宕，流落四方，颠沛流离。可因为有国在、有家在，心有归处，哪怕是浮萍也能生出根来。

就像杨绛和钱钟书，他们在沉浮不定的时光里，长成了两棵树，坚定地扎根在了祖国这片土地上。他们爱着自己的小家，也爱着这个苦难的国家，他们爱着至亲的亲人，也爱着这片哺育了他们的土地。

这种爱，浓烈而深沉。

抗日战争爆发后，“还我河山”的口号不断在中国的土地上回荡，慷慨激昂。那时候，在国外的华人也都很关注祖国的战况，同胞亲人都在经受战火的洗礼，他们也不愿流落在外，自求安稳。

那时候，很多人想尽办法通过各种渠道辗转回国，他们想要和自己的家人在一起，想为正饱经苦难的祖国尽一份绵薄之力。

杨绛一家三口也在这些人中间。

钱钟书在决定回国之后，便联系了国内的同学和老师，希望能找到工作，有事可做。他很快就接到了西南联合大学的邀请，所以在回国后，便直接去了西南联合大学做外文系教授。而杨绛要回上海探望父亲，不得不跟他分开。

在国外留学的日子，杨绛一直都和钱钟书守在一起，乍然分开，她心头满是酸楚。

在这动荡的年代里，守护在家人身边，得到一份简单的安稳，是一种近乎奢侈的愿望。杨绛舍不得钱钟书，却也担心年迈的父亲，分别是无奈的，她只能祈祷笼罩在祖国上空的阴云能快点儿散去。

回来之后杨绛才知道，日本空袭了苏州，当时杨家的宅子比普通民居要大一点儿，所以飞机在杨家上空盘旋了很久，他们以为这里是政府要地，对杨宅重点打击。她的父亲、母亲，还有大姐、小妹受了不小的惊吓，之后便四处躲藏。

转年秋天，母亲唐须嫈得了恶性疟疾，因为战乱不断，没能得到很好的治疗，一直反复发高烧，没多久便去世了。

唐须嫈的离开对父亲杨荫杭的打击不小，自那之后，他的身体状况愈发糟糕。杨荫杭每天必须服用安眠药才能入睡，待杨绛回来时，他的精神状态差极了，整个人显得苍老了许多。

已经有了自己小家的杨绛明白夫妻的意义，她理解父亲的痛苦。

杨荫杭和唐须嫈虽是旧式媒妁之言的婚姻，可他们的感情却很好，夫妻两人风雨携手，走过了很多难忘的岁月。身边人突然不在了，杨荫杭自然是痛彻心扉的。

可生离死别的事就是如此，即便再痛，也没有重来的机会。

杨绛想念母亲，也遗憾没能见她最后一面，送她最后一程。杨绛为此偷偷地哭过，但之后她变得更加坚强。

“覆巢之下，焉有完卵”，国家得不到安宁，他们的小家又哪来的安稳？

所有的遗憾和抱怨，说来不过是自我折磨，事情已经发生了，生死已然成了现实，杨绛改变不了什么，她现在能做的只是接受。没能陪在母亲身边，没能送她离开，杨绛心头有愧，也正因为如此，她才更想照顾父亲，照顾他们这个家。

兵荒马乱中相聚不易，她必须珍惜，她小心翼翼地守护着最后这一点温暖，不愿再经受离散。

杨绛归来对杨荫杭来说是一种莫大的慰藉，他一改颓废的状态，身子也有了好转。小阿瑗聪明伶俐，有她陪在自己身边，与自己做伴，杨荫杭仿佛又找到了生活的希望。

可是，国家的希望在哪儿？

战争还在继续，整个上海愈发水深火热。

那段时间，杨绛接替了傅东华女儿的职位，在一所小学教书。杨绛虽然没有受过正规的师范院校培训，但是她自行总结出了一套行之有效的方法。她只用了三节课，便记住了所有孩子的名字，一旦哪个调皮捣蛋了，她便直接叫他的名字，喝止住他。

杨绛的方法很管用，那些小孩子在她面前一点儿都不敢闹腾。

杨绛在小学任教，工作还算顺利，而且工资不错，每月还有三斗白米，待遇也算可以了。只是，这小学当时是受日本人管制的，属于半日制学校。杨绛不喜欢与日本人有交集，尤其是日本人还四处设卡，盘查来往行人，稍不留神就会有杀身之祸，让人提心吊胆。

杨绛从位于辣斐德路的钱家到学校上班，有一段很远的距离，她需要乘车到法租界，步行一段路程，穿过不是法租界的区域，再乘车才能到学校。这后一段车是有轨电车，需要通过黄浦江大桥，但因为桥上有日本兵把守，只允许空车过，所以乘客必须下车走过去，等到过了桥之后再上车。

当时日本人规定：路过日本兵哨位的时候，要向他们鞠躬，日本兵上车检查的时候，所有的人也需要站起来鞠躬。

杨绛很讨厌这个举动。

国家沦陷没有安宁可言，可是，我们的国家还在战斗中，国民的骨气还在，对着敌人卑躬屈膝、奴颜媚骨，这种事情杨绛极为排斥。有一次，杨绛比大家站起来稍微晚了一点儿，被日本兵发现了。日本兵勃然大怒，面目狰狞地走到她面前，并且用食指将她的下巴抬了起来。

杨绛也怒了，她盯着那个日本兵的眼睛，弱小的身子里发出愤怒的吼声——“岂有此理!”

这铿锵有力的四个字，让全车陷入一片寂静，所有人都屏住呼吸，他们既为这个身材弱小的女人敢和日本人叫板而在心头喝彩，同时，也为她捏了一把汗。日本兵显然也没料到杨绛会有如此反应，与杨绛对峙了许久，见杨绛丝毫没有退让示弱的意思，便转身下车离开了。

车重新启动，车厢一下沸腾了。“岂有此理”，杨绛所说的这四个字，仿佛在众人的心上点起了星星之火，燃烧着大家心头的民族之魂。

可杨绛却像是经历了一场战争一样，她长出了一口气。

回想整个过程，杨绛不免觉得后怕，她也没想到自己会如此。可有些时候，有些事情，有些情绪，就像是根植在骨子里的信仰一样，一旦触动，就会不由自主地迸射出来，不容摧毁，不容践踏。

国家遭遇的苦难不过是一时的，黑暗终将过去，黎明不会太远。

杨绛的心里是有期待的，她也等来了黎明。

1945 年 8 月 15 日，前方传来了日本投降的消息，钱家人商量着要纪念一下这个日子，庆祝黑暗的过去。可杨绛心里却很难过，她独自躲到了亭子里，默默流泪。国家黑暗的时光终于过去了，人们迎来了曙光，可她的父亲杨荫杭却再也看不到了。

钱钟书知道杨绛的痛，他紧紧地握着她的手，说："爸爸会为我们高兴，为国家高兴，我们终于熬过来了。"

新中国成立前夕，很多爱国知识分子都收到了国民党投来的橄榄枝，钱钟书、杨绛也不例外，只是他们没有丝毫的犹豫，直接放弃了去台湾的机会。

经历过远走他乡的游子，更能体会对故土的深情，不论是杨绛还是钱钟书，他们都深深地爱着这个国家，爱着这片他们从小到大生活的土地，他们不愿离开。不仅如此，他们还想用自己的双手去抚平这片土地所受的创伤。

这是他们的家，是他们的根。

后来，杨绛和钱钟书经历了不少苦难，有人曾问他们是否后悔当初没离开，杨绛这样回答："没有什么后悔的，人活着不一定全是为了享福。”

杨绛和钱钟书豁达淡然，但其实那是因为他们对这片土地爱得深沉。

我们都是炎黄子孙，是龙的传人。五千年的历史文明打造了我们一身傲骨，盛世繁华、战乱摧残锻造了我们的中国魂。

我们都有自己的小家，同时也有一个大家，它叫中国。

我们的国，我们的家，我们亲爱的同胞，我们深爱的土地。杨绛和钱钟书都是爱这个国家的，我们亦如此。

心若从容，人自优雅

山一程，水一程，人生总是在山水往复中跌宕延伸。

我们都想要岁月静好、人淡如菊，但事实上，在这滚滚红尘中安稳很少。所谓的宁静，也并非岁月无恙，而是内心平和淡然。真正的安宁来自于内心，我们只有带着一颗从容的心上路，才能于波澜中平静，乘风破浪；才能犹若寒梅绽放，于冰雪寒冬中得一份优雅芬芳。

从容于表，淡然于心，豁达于情，优雅于骨，荼靡花开，自成风景。

杨绛就是一个心有从容、骨有优雅的人。

家国动荡，十四年的抗战，让全国人民都经历了一场生死的洗礼。那时候每个人都渴望胜利，期待和平。可事实上，整个上海都被日本人控制着，这里的天笼罩着一片阴云。出现在街上的日本兵，突然被敲响的家门，还有深夜鸣响的警笛，都会让人胆战心惊。

死亡就像是鲜花的枯萎凋零一样，仓促到让人无力招架。也许只是一夜，也许只是转眼，花已零落，人已不在。

人们心里惶惶不安，谁都不知道下一个会不会是自己。

在这样的形势下，所有人的日子都过得小心翼翼的，杨绛一家也是如此。

可意外状况还是发生了。

有一天上午，钱钟书像往常一样去学校上课，而杨绛则和钱家人留在家里。这个本和往常并没有什么不同的日子，被一阵急促的敲门声打乱了。

杨绛放下手中的活儿，匆匆忙忙地去开门，只见两个日本兵站在门外。

杨绛知道来者不善，可她又不能硬碰硬，这身后还有一家老小呢，她不能乱。努力保持着镇定从容，杨绛客气地请他们进来，让他们先晶在坐。杨绛借口说要去泡茶，趁着这个工夫，她溜进卧室把钱钟书的一摞《谈艺录》手稿藏了起来。

将事情做好后，杨绛才倒了两杯茶端过去，放到日本兵面前。

日本兵一边喝茶，一边问："这里姓什么？"

杨绛答："姓钱。"

"姓钱？"日本兵似乎不太信，又问，"还有呢？"

"没有了。"

"没有别家？只你们一家？"

杨绛听完再次回应："只我们一家。"

应付了几句之后，杨绛就退到了屋子里。叔叔看到日本人手中有一张字条，上面写着杨绛的名字，便悄悄告诉杨绛出去躲一躲。杨绛不敢在家中多逗留，匆匆地从后门走了，她去了朋友家，为了避免早回家再撞上日本兵，她索性还在朋友家吃了饭。

可没多久弟弟就来了，弟弟说日本兵找的就是她。日本兵还说了，如果她不出现，就要把钱家人都抓走。

杨绛听到这话，心里不由得多了几分紧张，倒也不是全都为自己，主要是钱家那么多人在，钱钟书也不知情况。战乱年代，生命太过脆弱了，她已经尝过了家人离散的痛苦滋味，她不想噩梦重演，她不能让大家出事。

在片刻的慌张过后，杨绛很快就冷静了下来。

突然到来的意外，就像是一块黑色的幕布，为我们营造了一个伸手不见五指的黑暗世界，惊慌失措的人只会声嘶力竭地喊叫，还没等出去，就已经让自己在恐惧中绝望了，这样是找不到出路的。只有冷静下来，从容应对，才能拨云见日，寻到希望。

杨绛自认没有泰山崩于前而面不改色的沉着淡定，可她知道，这一刻她不能慌。

嘱咐了弟弟，让他去找钱钟书，告诉钱钟书千万别回家，之后她便急匆匆地往家走。路上，杨绛还特意买了一篮子鸡蛋。

这就是她的办法。

走到家门口，杨绛用力地敲了敲门，杨绛的婆婆来开门，看着她拎着鸡蛋回来，既吃惊又担心。

不过，杨绛早有打算。她忙摆摆手示意婆婆别说话，脸上带笑，从容地开口说："我给您买鸡蛋回来了。"她一边说着，一边往楼上走。

日本兵还在，家里被翻得杂乱不堪，东西散落一地，家中的柜子也东倒西歪的。

见到杨绛，日本兵便冷着脸问她是谁，她说自己便是杨绛。日本兵勃然大怒，指着她质问："那你为什么说姓钱？"

若是换作旁人，见到日本兵这副模样，早就吓得失了心神了，哪还能周旋应付？

可偏偏杨绛从容不迫，她故作一副恍然大悟的模样，立刻回应说："我嫁在钱家，当然姓钱啊！原来你们是找我呀！咳，怎么不早说？我给婆婆买鸡蛋去了，她有胃病。真对不起，耽搁你们了，我这就跟你们走吧。”

杨绛温顺配合，倒是让日本兵的态度好了不少。

日本兵并没有带走杨绛，只是告诉她，让她第二天十点去宪兵司令部受审，说完就走了。

日本兵的军靴踩在地上发出沉闷的声响，那声音让人心底压抑，会不由自主地心慌。哪怕日本兵离开了，可那声音似乎还不停地在大家耳畔回荡。

因着日本兵的到来，全家人都陷入了惊慌失措中，他们担心杨绛第二天去会出事。

反倒是杨绛，她的脸上看不出一点儿恐惧，像是一切都与她无关一样。她不慌不忙地整理着被翻乱的东西，清点是否有东西丢失，很快便让凌乱的家又恢复了整洁的模样。最后她发现日本人只拿走了一本通讯录和几封信，钱钟书的手稿和其他东西都还在，她才长舒了一口气。

杨绛的沉稳平静倒是让家人们放心了不少。

不过杨绛自己很清楚，她所有的从容不迫、波澜不惊，都是建立在爱的基础之上的。因为爱这一家人，她必须从容地与日本兵周旋，她不能表现出任何的异样，否则后果不堪设想。因为爱这一家人，她必须表现得从容安然，动荡岁月里人心已经忐忑不安了，她不想家人再为自己慌张。

可心里，杨绛也并非那么坦然。

并不知道自己到底因为什么得罪了日本人，杨绛没有办法有的放矢地想对策，她只能尽可能地多做准备。整整一夜，她都在想日本人会提什么问题，面对这些问题时，她又要如何作答才能为自己解围。冥思苦想一夜，她根本没有合眼。

有了万全的准备，遇事才能不慌张，这是杨绛的秘诀。

因着思量得还算周全，杨绛第二天到了宪兵司令部后，被问问题时表现得还算淡定从容。没有受什么刑罚，也没有被刁难，只是问了几个问题，又填了个表之后，杨绛就被放回来了。

原来，日本兵找的只是一个跟她同名的人而已。

在那段被黑暗笼罩的岁月里，如杨绛一般被日本兵叫走审问的人不在少数。杨绛有一个一同搞戏剧的朋友，后来也被叫到宪兵司令部，只是他没有杨绛的从容，也没有杨绛的幸运，耳光和酷刑都没能避免。

相比他们，杨绛算是幸运的，只是这份幸运不是来自上天垂怜，而来自于她自己。

她用沉稳、从容在危机中赢得了出路。

从容是一种融入骨血的气度，它让人临危不乱、举止若定；从容是一种坚韧的智慧，它让人宠辱不惊、云淡风轻。从容是智慧的积淀，是成熟的盛放，是心如明净、澄澈如水的通透，也是临危不乱、风云在握的强大。

心若从容，人自优雅。

从容是芳华傲骨，是英雄本色，是根植在我们骨子中的人淡如菊、心静如水，是盛放在岁月中的气质如兰、虚怀若谷。

杨绛是个从容的女人，她的身上透着优雅的芳香，迷醉了一段时光流年。

愿你也如她一般，心有从容，优雅一生。

岁月安稳一时，从容淡定一世

岁月静好，红尘无忧，安之若素，闲度春秋……这大抵是所有人都想要的生活状态，安宁平和，闲适简单。可事实上，这世上并没有岁月永远无恙，我们想要的安闲度日、云淡风轻，只不过是在风雨的洗礼后，渐渐学会的波澜不惊、优雅从容。

遇事能够波澜不惊，并从容相对的女人，是极美的。

她们若空谷幽兰，又似涓涓细流，有茶气芬芳，又不乏一身寒梅傲骨。那样的女人不论在何时何地，遇何事何人，都将绽放华彩、引人注目。

杨绛就是这样一个在风雨中能够波澜不惊、豁达从容的女人。

受了杨荫杭淡泊从容性格的影响，杨绛也养成了优雅淡然、与世无争的性子。她温柔典雅，为人和善，在清华任教的时候，除了正常的授课外，其他时间几乎全用在了做学问上。她与周围的同事、朋友相处得极好，从未有过什么矛盾冲突。

可让杨绛万万想不到的是，这样从来无争的她，也会有一日被推到风口浪尖上，在众人的注视下，被人以激烈的言辞歇斯底里地控诉声讨。

“杨季康先生上课专讲谈恋爱。”

“杨季康先生教导我们，恋爱应当吃不下饭，睡不着觉。”

“杨季康先生教导我们，见了情人，应当脸发白，腿发软。”

“杨季康先生甚至教导我们，结了婚的女人也应当谈恋爱。”

喊这些话的女学生仿佛是正义的使者，字字铿锵，义愤填膺。可是杨绛却觉得很奇怪，这人并非她的学生，她们甚至不曾见过，她不明白为什么这位女学生会站出来编造一些子虚乌有的事情。

那些事情她从未做过，那些话她更没说过，这样的指控简直莫名其妙。

周围都是熟悉的同事，大家听了女学生的话，不禁窃窃私语，连带着看杨绛的目光也有了几分异样，这样的场面不免让她觉得尴尬。

被污蔑、被冤枉，这放在谁的身上，都不会觉得舒服。

杨绛虽然淡泊无争，但她终究不是圣人，若说对女学生的话丝毫不在意，那是不可能的。

只是杨绛心里很清楚，在很多时候，解释、争辩、怒气冲冲、针锋相对，甚至于反唇相讥、恶语伤人，抑或是动手发泄愤怒……这些做法除了让事态恶化，并不能带来一点儿好处，于解决问题毫无益处。

杨绛做不到与女学生面对面地辩驳争吵，她也不屑于那么做，所以，她很快就淡定下来了。

风雨要来它便来，我自安闲自在。

杨绛木然地坐在位置上，波澜不惊，她没有解释，更没有争辩，她脸上的表情淡淡的，甚至于连愤怒都没有。安静淡定的杨绛将自己置身事外，仿佛她只是一个无关紧要的聆听者，与这位女学生所说的一切毫不相干。

因为杨绛的不纠缠，这场风波很快就过去了。

一直到大会结束后，外文系主任吴达元过来小声地问杨绛："你真的说了那种话吗?"

杨绛回答："你想吧，我会吗?"

吴达元是了解杨绛的，听着杨绛的话，他不禁微微叹息，用一副了然的表情向杨绛表达信任和理解。

回到家后，家人都睡了，杨绛悄悄地躺下，却怎么都无法入睡。

她辗转反侧，不断寻思："假如我是一个娇嫩的女人，我还有什么脸见人呢？我只好关门上吊啊！季布壮士，受辱而不羞，因为'欲有所用其未足也'。我并没有这等大志。我只是火气旺盛，像个鼓鼓的皮球，没法儿按下凹处来承受这份侮辱，心上也感不到丝毫惭愧。"

这样想着，杨绛也就释然了。

就像冬去春来是时光的必然一样，该过去的也总会过去。

一花凋零，荒芜不了整个春天，同样，一次"莫须有"的控诉，也荒废不了杨绛的整个人生。

日子还要过下去，她不会被那些莫名其妙的言辞打倒，她的心更不会被击垮。相反，这样的指控只会让她更坚强。因为她知道，事实胜于雄辩，总有一日，现实会还她一个真相，给她一个公道。而在那之前她要做的，就是静默等待。

杨绛为自己套上了坚强的铠甲，怀抱着乐观，用微笑面对挫折。她努力为自己打造了一颗刀枪不入的心，而后带着这颗心，于万丈红尘中披荆斩棘，顶风冒雪，不断穿行。她波澜不惊，风雨从容。

隔日一早，杨绛专门挑了件喜庆的衣服，精心梳洗，光鲜地出门。

并没有像其他人所想的那样躲在家里不敢见人，前一天还被当众控诉的杨绛，不但大大方方地出去了，而且还去了人最多、嘴最杂的菜市场。面带微笑，脚步从容，她静下心来做自己该做的事情。至于那些窃窃私语，于她而言不过是耳畔清风，吹过也就过了，激不起她心头的一丝怒色涟漪。

仿佛什么都不曾发生过，杨绛依旧优雅从容，乐观坚强，光鲜夺目，让人移不开眼。

只不过让杨绛没想到的是，不久后，女学生在大会上点评控诉她的事情居然见了报。

对此，杨绛依旧不解释什么。

用她的话说就是："知道我的人反正知道；不知道的，随他们怎么想去吧。人生在世，冤屈总归是难免的。"

杨绛豁达而坚韧，淡然而优雅。

在这件事情上，她看得很开，她能让自己脱离出那些言辞的纷扰，波澜不惊、从容向前。她就像是一株素菊，秋风萧瑟百花杀，她却迎风而舞，自成芳华。

杨绛用自己强大的内心，于跌宕的岁月中亲手为自己打造了一片心灵的平和安稳之地。

其实杨绛也清楚，作为一位老师，被学生当众如此控诉，而且还上了报，她的教师生涯算是到尽头了。并没有抱怨什么，她只是默默地在心里做好了准备。可让她意外的是，到了下学期，她的课程不但没有被学校取消，选修她课的人反而比之前还多了不少。

这或许就是上天的馈赠，是上天对她面对生命的跌宕还能波澜不惊、从容优雅的奖赏。

人生路上，会有惊喜，也会有意外。

随着昨日越来越多，明日越来越少，我们所经历的也在渐渐增多。

走过的路，遇见的人，听过的话，发生的事儿，看过的风景，遭受的风雨，得到的惊喜，经历的挫折，这所有一切，都成了我们生命中的一部分。浮生烟雨、浪潮跌宕，不免让人仓皇迷惘，不知所措。可只要有一颗平和而坚定的心，我们就能闲庭信步、静看风雨，我们就可以波澜不惊、乐观从容。

没有内心的平静，很难有外在的优雅。

心若乱了，无论前进的路在哪儿都会变得模糊，若慌不择路，才会迷失自我。

太多的时候，让我们溃败的并非风雨，而是在风雨中零落的心。竹杖芒鞋轻胜马，谁怕？一蓑烟雨任平生。让我们带着从容的心上路，风雨也会变成风景。让我们带着笑意乐观地看待身边发生的一切，那一切都会成为上天的馈赠。

杨绛用波澜不惊在百年岁月中走出了一路锦绣繁花。

让我们也于风雨中修炼出一颗波澜不惊的心，在时光的浪潮中打造一份内心平和、岁月静好。

不求地老天荒，但求我心坚强。

到那时候，我们不必再祈求岁月无恙，因为这份和顺平静，都在我们心上。

坚韧地活着，不负此生

花会凋零，零落成泥碾作尘，人也会逝去，只在岁月的剪影中留下浅浅的印记。

我们常说人各有命，每个人在这世上所经历的事不尽相同，但在两件事上，命运是公平的，那就是：来到这个世上，以及离开这个世界。

人总归是会离开的。

这一生不长，年过期颐亦不过是百年光阴。如何活才能在这短短的时光里留下绚烂的记忆，仿佛是很多人都在追求和探讨的人生命题。答案如何，我没有办法用一两句话来概括，但我知道，不论发生什么，坚韧地活着是对生命的一种尊重。

杨绛一生中见证过很多人离去，她也曾为那些人的离开而伤心难过，但最后那些痛苦的别离，都幻化成了她对生命的珍爱。

爱绚烂的尘世，爱匆匆的岁月，爱自己的生命，爱余下的每一分钟。

杨绛带着一颗坚韧的心在风霜雨雪中前行。

她爱这个世界，因而不断蜕变，想要变成更好的自己；她也爱那些离开的人，她希望带着他们的遗憾在这世上坚韧地活着，等待黎明冲破黑暗，等待晴天击退风雨。

杨绛曾撰写过《忆高崇熙先生》。这本书记录了一段生命的凋零。

高崇熙先生是杨绛和钱钟书的朋友，他在清华大学化工系任教授，并兼任一家化工厂厂长，是个专业素养极强的人。只是，在那段动荡的岁月中，这样一个优秀的人才，并没有得到幸运女神的眷顾。

那是一个秋天的周末，天气很好，杨绛和钱钟书闲来无事，想一起出去散步，于是便去了化工厂附近的高家。

那天，高太太进城了，家里只有高崇熙一个人，杨绛和钱钟书去的时候，他正独自坐着，呆呆的，周身笼罩着一种孤寂落寞。平日里都是好友，关系亲密，谈天说地，轻松安逸。可这次却不一样，对于杨绛和钱钟书的到访，高崇熙表现得并不太热情，哪怕是给他们倒水的时候，也是心不在焉的。

杨绛和钱钟书都清楚，高崇熙平日里并不是一个呆板冷淡的人，这次真的有些反常。期间，钱钟书找些话题和高崇熙聊，他依旧回应得敷衍。这样的拜访逗留，不免让人觉得有些尴尬，所以杨绛和钱钟书没坐多久，便找借口离开了。

高崇熙并没有继续挽留他们，但是，他对杨绛和钱钟书两个人却是送了又送。

仿佛心有留恋不舍一般，高崇熙将他们送出了客堂，又送出了走廊，送出了院子，又送出了工厂的大门口，然后他就定定地站在那儿，目送着杨绛和钱钟书离开，直到他们的身影一点点消失。

高崇熙的反应让杨绛和钱钟书感到奇怪，他们都觉得他应该是遇到了什么事才会如此。两个人回去聊起这件事的时候，夫妻俩还商量着，之后若是再遇见，或许可以仔细地问问到底是什么情况。

我们每个人都是时光荒野中的行者，一个人也可以走，但相互扶持，这条路能走得更容易。很多时候，朋友的问候和关怀，是一种心灵的慰藉，一种精神上的支持。简简单单的两句话，比雨露更能滋润人心。

可让杨绛和钱钟书万万没想到的是，他们的问候和关怀甚至还没来得及说出口，噩耗就已经传来了——

高崇熙以一种决绝的方式结束了自己的生命。

生命是脆弱的，死亡也不过是一瞬间的事情。

昨日还好好的人，能够欢歌笑语，谈笑风生，可转眼间人就不在了。他们被尘土和时光掩埋，临到最后，很可能连那名字也会沾染上尘埃，于洪流中消散，不被提及，不为人知。

杨绛听到这个噩耗后，心中满是自责和后悔。

她说：“只恨我们糊涂，没有及时了解。”

每当回想起那日高崇熙送他们出门时恋恋不舍的样子，杨绛心里都会难过。她总是忍不住一遍遍地想，若是她和钱钟书能够更细心一点儿，能够早些觉察出高崇熙反常背后的想法和意图，或许他们能劝慰他，他还能活下来。

人和花终究是不同的。

风雨落花带着落寞，却也有一种凄婉哀凉的美，可风雨中人的离散毫无美可言，它留下的只是伤痛。动荡的岁月里，杨绛和钱钟书看过不少人的离散凋零，那沉重的哀伤落在心上，泛着浓郁的苦涩。

命运总是会赋予我们苦难，这对于所有人来说，都是一场盛大的考验。

如何面对苦难、面对风雨，是杨绛和钱钟书所思考的。

他们的答案很简单，那就是在风雨中坚韧地活着。

人生路上的苦和难之所以存在，并不是为了让我们对人生失望，相反，它们的存在，是希望我们在感受过痛苦和忧伤，在经历了挣扎和艰难之后，变得更坚韧、更坚强，以便我们能够以更好的状态去迎接未来的生活。

我们常说，吃得苦中苦，才能达成夙愿。

能够苦中作乐，经受风雨打磨，不断成长的人，必然更有韧劲儿。哪怕是深陷在苦难的沼泽中，他们也能坚韧地活着。他们敬畏生命，不会轻言放弃。而相反，那些受不得生活的苦，遇到苦难就要逃的人，哪怕能暂时躲过一劫，但在以后的人生路上，一旦遇到磕磕绊绊，也可能分分钟被击垮，溃不成军。

破茧才能成蝶，所有的成长和蜕变，都要经历一番风雨的洗礼。

想要坚韧地活着，走过动荡风雨，就要有一颗强大的内心，要对这世界抱有乐观的态度。

就像杨绛和钱钟书夫妻俩，他们在动荡的岁月里，于苦难分离中，乐观坚韧地完成了生命的蜕变。他们承受了家人的离散，也见证了朋友的逝去；他们受过精神上的折磨，也品尝过生活的艰难。可不论是在经历什么，他们都相信，只要活下去，前头就还有希望，只要他们不放弃这段生命，那他们就还能做更多有意义的事情。

读书、写文章、翻译、创作……这些都是杨绛和钱钟书想要去做的事情，所以，即便有苦难折磨，他们依旧不愿离开。

生命只有一次，不会重来，他们不愿这美好的生命就此停摆，他们不愿如落叶一样在萧瑟的秋风中零落，进而被尘土掩埋。

相反，他们想去做未做的事，不负这一生。

杨绛和钱钟书都是坚韧的，他们彼此扶持着，在风霜雨雪中携手同行。

他们努力成长，不断蜕变，最终他们将自己的名字镌刻在了历史的荣光里，璀璨生辉，永存不朽。

坚韧地活着是对生命最大的尊重，也是对自己的一种尊重。

愿你能够有一帆风顺、风雨不扰的幸运；更愿你在风雨骤来时，能够有面对风雨磨难的豁达和乐观。

坚韧地活着，明天总归会更好。

敬畏生命，生命终不会亏欠我们的每一分付出。

抱着信件，将苦日子过甜

生活像是一杯酒，糅杂了酸甜苦辣各种滋味。

我们都要去饮生活的酒，一点点地品味它的味道，然后将所有的滋味咽下去，汇成我们的骨血，走出我们的人生。

大家都喜欢美好，也喜欢生活泛着甜味儿，可事实上没有谁的生活里只有甜。

那些眼里总是带笑，享受生活，一脸惬意模样的人，他们的生活里未必没有苦涩和眼泪。只是，苦涩和眼泪不会将他们淹没，他们能怀着一腔孤勇，带上乐观，乘着苦中作乐的小舟，迎风而上，将苦日子过甜。

杨绛就是一个能把苦日子过甜的人。

生在一个相对殷实的人家，杨绛自小虽不是过着那种奢侈富贵、锦衣玉食的生活，但也没吃过什么苦头，也没做过什么农活儿。

可是，临到岁数大了，她却经历了一段下乡的时光，吃了不少苦头。

杨绛下乡的地方在北京附近的郊区，并不算太远。

去之前杨绛就有心理准备，她知道下乡的生活不容易，吃些苦是肯定的。但真正到了陌生的乡下，她才知道自己之前所预想的还是太简单了。

干农活最靠体力。杨绛没做过农活儿，加上年纪大了，身体又不大好，力气也不大，所以她干起来颇为费力。一同下乡的人了解杨绛的状况，很照顾她，只让她做砸玉米一类相对轻松的活计，可饶是如此，每天劳动过后，她还是会感觉疲惫不堪。

除了劳动之外，杨绛他们当时居住的条件也差。

初去的时候，睡的是空屋冷炕；后来改到了缝纫室的竹榻上，一翻身就会掉下来；最后又去了当地的托儿所，四个人挤在一起。忙忙碌碌一整天，可到最后，连个好好休息、缓解疲惫的地方都没有。这是杨绛之前所没想过的。

在杨绛小的时候，杨荫杭就说：“生活程度不能太高。”

杨绛一辈子勤俭朴素，从来不讲究奢侈享受，更不讲究吃穿。可是去下乡那阵子，早晚都是稀粥和玉米面窝头，不好吃不说，还吃不饱、难消化。回想起那段生活，杨绛说自己做梦都想吃好吃的，由此可见生活艰难。

难关接二连三地出现，日子并不好过。

但在杨绛看来，苦的只是日子本身，却不是她的一颗心。

生活上的艰难困苦，从来都不是最可怕的，可怕的是我们的心也被苦涩吞没了。一旦我们的心也变苦了，那我们入眼的只会是无尽黑暗，会毫无希望可言。只要我们心存希望，那生活就总会有出路。眼前的苦只是一时的，总有一日我们能逃出泥沼，于山重水复外找到一片世外桃源。

杨绛的心里是有希望的，日子虽苦，也苦不到她的心上，因为她找到了心灵的慰藉、精神的寄托。

那就是钱钟书的信！

钱钟书素来爱给杨绛写信，从情意绵绵的情话，到日常琐碎的小事，所有的一切，他都愿意用文字记录下来，分享给杨绛。这种写信的习惯，钱钟书一直保持着，在杨绛下乡的这段日子，也没有中断。

整齐的小楷，一行行地记录着他的所思、所想、所为、所念，他的文字里饱含情意，让人看了不仅心里暖，而且觉得踏实。

钱钟书的信成了杨绛在苦日子里的一种支撑，让她的心泛着一股甜意。

生活再苦，可有人惦念着，杨绛就会觉得幸福。

那种幸福叫家，叫爱。

那时候，大家都笑杨绛信多，可其实所有人心里都是羡慕她的。

只身在外的时候，亲人的消息是大家心中最大的牵挂，哪怕信上只有寥寥几字，也是一种精神上的安慰。大家都想收到家人的来信，可像杨绛这样，不断收信，日日能读信入睡、抱信而眠的，根本没有。

单纯从这一点上来说，杨绛是最幸福的。

就像这日子里会有黑夜，但白日从来不会缺席一样，生活中虽有苦涩，但也从来不缺甜。

只是，有些人是体会不到生活的甜的。

人只有一双手，紧紧地抓着过去，就没有办法去拥抱未来；人也只有一颗心，里面盛装了太多的苦涩，就没有办法再去装下点滴的甜了。

很多时候，不是生活中只有苦，而是我们将太多的注意力放到了苦上。就像我们总会抱怨雨疏风骤，染了满身湿答答的哀愁一样，我们忘了雨后的海棠娇艳，晴空上还有彩虹。其实，并非生活太苦，而是我们忘记了怀揣着乐观、豁达的心态去发现生活中的幸福。

杨绛在下乡的时候也吃了生活的苦，那阵子，她也曾身心俱疲。

可是，在这片不知何时才能走到头的苦海里，她不会感到绝望，因为她还能看到海浪生花，看到甘甜玉露。她将家人的牵挂看作是精神的支柱，她告诉自己她并不孤寂，家人与她同在。如此，她自然不会脆弱到不堪一击。

钱钟书的信，杨绛从来不扔的。

她读过之后都会将信一封封地叠好，放在贴身衣服的口袋里。想起钱钟书的时候，觉得生活太苦撑不下去的时候，她都会将信拿出来读一读。

日子久了，信越积越多，杨绛的衣服口袋便鼓鼓的，那都是钱钟书沉甸甸的爱。

对于这些文字的东西，杨绛十分谨慎，虽然信中没有什么不妥的内容，但她依旧不敢轻易将信放在其他地方。后来回忆起那段日子时，杨绛曾说："衣袋里实在装不下了，我只好抽出信藏在提包里。我身上是轻了，心上却重了，结果只好硬硬心肠，信攒多了，就付之一炬。"

"付之一炬"，这轻飘飘的四个字里，却满含着杨绛的不舍。

那些不单单是一封一封的信，那里面包含的更多的是钱钟书的情意，是他的思念。那是在那些充满磨难的黑色时光里，她精神上的支撑。那像是一种信仰，绽放着光芒，带着她坚强地活下去。

如果那些信能留下来，自然是万分珍贵的。

只是，人生总有无奈之处。

那些信虽然没了，那段经历却永远都在，那些文字幻化成了灰烬，可是钱钟书对她的感情，却定格在了时光里，不曾消散，不老不朽。

抱着钱钟书的信，抱着他的情意，杨绛将苦日子过到甜。

她熬过了那段苦日子，也看到了最美的黎明。

我们时常会将“一帆风顺”挂在嘴边，可事实上，这四个字在很多时候只是一种美好的祝福，它如同海市蜃楼一般，美若仙境，却虚幻缥缈，并不真切。因为，生活并没有永远的岁月无恙，苦也是生活的一种滋味，它会在不经意间出现，融入我们的生活中。

坚韧的人，不会因为生活有了苦，就丧失了对幸福的期望。相反，越是在生活苦味儿蔓延的时候，他们越能苦中作乐，因为他们心中满含希望。

下乡吃苦的杨绛就像是在荒漠中流浪的行客，风沙和孤独包裹着她。可是，她坚韧乐观，她抱着钱钟书的信，在茫茫无尽的荒漠中滋养出了最绚烂的红花，风沙虽然不散，可她的心里满是被爱浸润的柔软。

杨绛是幸福的。

她的幸福来源于钱钟书，但又不只来自于钱钟书，更来自于她本身。因为她本身就是个坚韧、乐观、豁达的人，是个能将苦日子过甜的人。

天助自助者。

这样的她，又怎么会在黑暗中沉沦，找不到走向幸福的路呢？

带着乐观，拥抱世界

人的一生很短，匆匆流年一闪即逝，它不会为谁停留，也不会为谁定格。

悲也是过，喜也是过，与其让自己的人生充满悲伤，倒不如让自己多两分坚强。

乐观地活着，张开双臂拥抱世界，欣然接纳上天馈赠的所有好与不好，坦然地面对一切的苦痛悲愁。这样的人生虽未必完美，但在我们垂垂老矣蓦然回首时，一定无愧于心，没有遗憾。

乐观像是阳光，是可以驱散心中的阴霾的，心有乐观的人，生活不会黑暗。

杨绛是个乐观坚韧的人，她能在黑暗中如花一般盛放，用自己的坚强渲染出一片绚烂斑斓。

杨绛在上了年纪之后经历了不少生活的苦难。

下乡劳作尝遍了苦辣辛酸，她的生活不容易，但我想，身体的疲惫远不及心灵的压抑痛。最让杨绛难熬的，或许还是那段失去头发的日子。

云鬓轻梳蝉翼，蛾眉淡拂春山。

与男人不同，头发对于一个女人来说，是极为重要的。柔顺的青丝随风而摆，飘逸灵动，那是属于女人的温婉魅力。好好的头发被剪成“阴阳头”，这对任何一个女人来说，都是一种不小的打击，杨绛自然也不例外。

一想到要顶着这样丑陋的发型出门，被人注视，杨绛心里便很不是滋味。

钱钟书心疼杨绛，看着杨绛难过，他也急得团团转。可是，杨绛又不能像男人似的，将头发都剃光；因为当时是夏天，她还不能包头巾；没有帽子可以戴，想用帽子遮掩也是幻想；他们都被安排了工作，甚至于连躲在家里不出门都不行。

钱钟书着急，却又想不到一点儿办法。

将钱钟书的着急和担忧都看在眼里，杨绛心里五味杂陈，她难过于失去头发，却欣喜于钱钟书浓浓的爱。她和钱钟书自相识开始，一起走过了很多年，他们有快乐一起分享，有苦难一起分担。阳光下他们的身影彼此依偎，甜蜜幸福；风雨中他们的手紧紧牵在一起，携手比肩。

有钱钟书在，杨绛就觉得很幸福，再苦再难她都不怕。

不想钱钟书着急，杨绛倒是反过来安慰他：“兵来将挡，水来土掩，总归会有办法的。”

杨绛的话说得很轻，却带着坚定豁达。

她不是不愁，只是当愁眉苦脸无用的时候，与其拉着钱钟书一起在痛苦中挣扎，倒不如保持乐观。

既然太阳上也有黑点，人世间的事情就更不可能没有缺陷。生活中总会有风浪，它不是以这样的方式出现，也会以另外一种模样出现在我们身边。失去了头发，虽然是时代赋予她的一种意外，可却也是生活的一种必然。

事情既然已经发生了，这一刻，坦然接受、理智应对比抱怨着急更重要。

只是，不论是乐观还是坦然，都需要一颗强大的心。

内心脆弱的人是无法在满是荆棘的人生路上时刻保持冷静从容、乐观豁达的，他们的精神世界很容易被生活压垮，从而变成整个人生的倾丕崩塌。相反，内心坚强的人，不论生活如何辗转碾压，他们的眼里都能带着笑，他们精神上的支柱不会倒。

有强大的心支撑着，天就还在头上，路便还在脚下，日子还在继续，他们还能勇往直前。这样的人，自然也能为生活找到出路，他们必然能等到峰回路转，走到苦尽甘来。

杨绛就是这样一个人。

她怀着乐观，带着坚强，即便在不如意的时候，也能伸出双臂拥抱世界。

乐观，给她带来了冷静，也带来了办法。

没多久杨绛就想到，很早之前，她帮女儿阿瑗剪过一次大辫子，那些头发被她用手帕包着放在了柜子底下。于是她急匆匆地将头发找了出来，熬夜做了个粗糙的假发套。假发套和真发自然是有区别的，假发戴上之后密不透风，而且许是放久了的缘故，头发还有些发黄，戴出去很容易被人看出来。

但是，除此之外已经没有其他更好的办法了。

杨绛心里也有担心，可看着钱钟书的时候，她还是笑着打趣说："小时候就羡慕弟弟剃光头，现在算是实现了'半个'愿望吧。"

我想，钱钟书听着杨绛的话时大约也有心酸，因为杨绛坚强到让人心疼。

让杨绛担忧的事儿还是发生了。

第二天，杨绛一上公交车，她的假发套就被售票员认了出来，售票员的高声呼喊吸引了不少乘客的目光，他们都盯着杨绛好奇地看。杨绛不喜欢被人这样盯着，匆匆下了车。只是，走在街上也免不得被人指指点点。

后来，杨绛托人买了个蓝布帽子，本以为这样能稳妥些，可总有些孩子们眼尖会认出来，然后伸手揪她的假发，所以在很长一段时间里，她看到孩子都躲得很远。

钱钟书心疼杨绛，但是他真的无力改变什么。

为了尽可能地给杨绛减少些麻烦，缓解她的烦忧，钱钟书便主动承担了买菜的任务，他能做的不多，但一定会尽力去做。

钱钟书的贴心，给了杨绛很多慰藉。

很多时候，击垮一个人的并不是饱含苦难的生活，而是我们在苦难中挣扎时的孤单。

有人说："夫妻本是同林鸟，大难临头各自飞。"这话听来似乎带着对人性薄凉的嘲弄，仿佛在困难面前，所有的感情都脆弱得不堪一击。可事实上，这话里也有一种对风雨比肩、携手而行的渴望。

困难并不可怕，只要家人还在，只要心还温暖，黑暗的岁月总能熬过去，海阔天空不会太远。

钱钟书的关心和疼惜，就是杨绛的精神支柱。

杨绛很清楚，钱钟书不能改变现实，也无力扭转乾坤，他能做的只能是在生活上给予贴心照顾。可就是这些小事让杨绛清楚地知道，不论风雨多大，钱钟书都与她同在，她并不孤独。所以，即便日子再难，她都能乐观坚韧地活下去，怀抱着期待，等待黎明。

人的一生，有顺境也有逆境，它们就像是硬币的两面，相依相偎，交替出现。

悲观的人只会在逆境中崩溃沦陷，他们抓不住成长的机会，也等不来顺境时的风光无限。而乐观的人会把握逆境，他们能够积极向上，奋力生长，从而逆风飞翔，打造一片属于自己的浩瀚苍穹。

杨绛不但在逆境中保持乐观的心态，还在苦难中成长。

生活的磨难，杨绛一一品味，她将这些酸甜苦辣都化成了一种经历，并使它们成为创作的素材。杨绛从生活中提炼出了人生百态，她也用动情的笔墨书写着别样的人生。她坚韧洒脱，成熟睿智。所有的苦与难，都成为她成长的基石，让她和她笔下的文字都愈发得完美丰盈。

心藏过往，珍惜当下，乐盼将来！

杨绛于跌宕的浪潮中乐观向上，她长成了一棵树，能潇洒地迎风摇摆，也能坦然地接受暴风雨的洗礼。她有坚韧的根，不屈不挠，她也有繁盛的枝叶，能够为家人撑起一片天。

杨绛用乐观的心态拥抱世界，将灰色的生活渲染出了多彩的颜色。

她是一个简单娇弱的小女人，却也是个满身充满魅力、无比坚韧的强者。

第六章

人总要学会接受

人总是要学会接受的。她怀着一腔孤勇，披荆斩棘，不断向前；她也伴着岁月的坎坷，在春花秋月中，接受曲终人散。她平静地接受现实，告诉自己要随遇而安；她乐观地面对苦难，安慰自己黎明不会太远。

不能改变，就学着接受

人总归是要学会接受的。

接受世事无常，接受悲欢离合，接受孤独寂寞，接受挫折坎坷，接受风雨，也接受并不完美的自己。

坦然地接受命运馈赠的所有好与不好，是一种内心的成熟。

杨绛和钱钟书，都是懂得接受现实的人，他们能够坦然地接受一切，淡然面对，从不逃避。尤其是年岁渐长之后，他们面对生活的风浪，更多了几分淡然。因为他们很清楚，动荡的岁月里，人们都是随水飘零的浮萍，根本无法奢望一份安定，坦然面对，顺势而为，也是一种智慧。

我们每个人都有自己想要过的生活，可现实有时如同冰冷的雨水一样，将大家浇个透心凉。现实不是愿望，并不美好，它甚至于会有些残酷。

太多的时候，不管我们愿不愿意，现实都会逼着我们去接受所有的一切。它从不给人退路，我们只能面对，而后踉跄向前。

不能改变，就得学会接受。

内心坚韧的人，不但能接受现实，而且能用自己的乐观豁达让现实盛放繁花。

杨绛和钱钟书便是这样的人。

在钱钟书年近六十的时候，他和杨绛先后到了河南息县的“五七”干校。

息县很偏僻，生活条件也很艰苦，钱钟书到那儿没多久，就变得又黑又瘦。当时，杨绛被分配到菜园班，与钱钟书并不在一处地方。不过钱钟书的差事比较简单，看看东西，巡巡夜，偶尔还能做信差出来走走。

菜园班的人，要在菜地旁边二十四小时蹲守。

钱钟书当信差，正好能路过杨绛守的菜地，所以每次来他都能跟杨绛在田边约会。风和日丽的时候，他们一起晒晒太阳；忙起来的时候，他们只能隔溪喊上两句话。可这对于杨绛来说，已然是一种慰藉。

杨绛曾经这样写过：“我们老夫妻就经常可在菜园相会，远胜于旧小说、戏剧里后花园私相约会的情人了。”

最让人羡慕的爱情，大约不是年少时的甜蜜爱恋、你侬我侬，而是鬓染霜色的时候，两个人的手依旧能紧紧地牵在一起。

阳光下，风雨中，两个人紧紧依偎相靠，那画面极美。

有人说爱情是经不起岁月消磨的，“人生若只如初见”不过是个虚幻的梦，曾经的楚楚动人、心灵悸动，终会在跌宕坎坷的生活中被风吹散，然后散落尘埃，再不起一丝涟漪。可是，杨绛和钱钟书从初遇开始走过了风雨一生，他们的爱似乎还是最初的模样，从未变过。

岁月苍老的只是他们的容颜，却没有苍老他们相爱的心。

大抵也是这份爱支撑着他们，让他们能够坦然接受命运的洗礼，让他们于渲染着悲苦之色的生活中找到甜蜜和乐趣。他们从不孤独。

尽管能够在菜园边约会，但他们能够相处的时间到底不多。

年轻的时候，钱钟书总给杨绛写信，而杨绛却回得很少，用钱钟书的话说，是“别后经时无只字，居然惜墨抵兼金”。但在息县那会儿，杨绛会把一些零碎时间利用起来。她把想到的和经历的事情都记录在纸上，等钱钟书来的时候交给他。

既来之，则安之。

息县的日子虽然艰苦，可他们也能在这样的生活中制造些甜蜜和幸福。

于杨绛和钱钟书而言，接受现实不是了无希望地认命，更不是心如死灰地陷入绝望。相反，接受现实是一种成熟，一种坦然，是无力改变局面时的顺势而为，是于沉默中等待机会、努力蜕变，等待柳暗花明、雨过天晴的豁达。

他们接受现实，并不颓丧，反而心里充满乐观，充满希望。

他们的生活里不止有黑暗，也有繁花似锦、五彩绚烂。

人说："少年夫妻老来伴。"有人陪伴是种难得的幸运，越是在艰难困苦的时候，陪伴就越显得暖心。

岁月动荡，现实残酷，可是，杨绛和钱钟书始终陪伴着彼此，给对方支持。

风雨里，他们的心依旧能感受爱的温度。

有一次，杨绛向钱钟书控诉一只猫。那是一个晚上，有一只猫把叼来的几只死老鼠放在了杨绛的床上。起初的时候，杨绛没有开灯，也不知道是什么情况，顺手摸一摸也不觉得怕，可开灯之后看到床上的老鼠却被吓得不轻。

这种惊吓让杨绛不免抱怨，她忍不住和钱钟书唠叨。

钱钟书知道，事情已经发生了，抱怨是没用的，于是他便想方设法地安慰她。

钱钟书对杨绛说："这是吉兆，也许你要离开此处了。死鼠内脏和身躯分成两堆，离也；鼠者，处也。"

钱钟书的话逗得杨绛哈哈大笑，把杨绛压在心底的不快也一扫而空。

钱钟书这些荒诞的解释，杨绛自然是不信的。她高兴的是钱钟书的安慰，他那认真又饱含深情的样子，就像是她心头的雨后晴空，给她天朗气清，让她能够忘记一切。

让杨绛惊喜的是，钱钟书的荒诞解说居然真的迎来了希望。

这年年底，有一天钱钟书来田边找到杨绛，说有人告诉他，北京来电话了，有一批“老弱病残”要被遣回北京，这个名单里就有他。

钱钟书身体不好，息县的条件又艰苦，若是他能回去，就能生活得好一些。而且，钱钟书回了北京，还能陪着钱瑗，风雨中零落到只剩一个人的女儿，也是杨绛心头的牵挂。所以，当听到这个消息的时候，杨绛开心极了。

日子一天天地过去了，杨绛总盼着有确切的消息传来，钱钟书能回去。

可生活的峰回路转，总让人遇见意外。

不论是钱钟书从朋友那儿听到的消息，还是他从邮电所取回的确认名单，都确认上面有他的名字，他可以顺利回北京。可等到名单公布的时候，他的名字却不见了。没有人知道这中间发生了什么。

拥有过后再失去，比不曾拥有还要让人心痛，希望这回事，更是如此。

可现实就是这样。

我们之所以会说现实残酷，那是因为它一点儿都不会以人的意志为转移，它不是我们不愿意接受，就能不接受的。

更多的时候，我们只能退让，只能面对。

杨绛和钱钟书再一次接受了现实，他们依旧相互依偎着，在艰难中相互扶持，携手向前。只是比之前的时候，他们心里更多了几分希望。

冬天都来了，春天还会远吗？

天已经微微亮了，还有什么能阻挡黎明的到来？

生活永远都充满着未知，我们没人能预测平静的海面上何时会有风浪，同样，我们也没人能知晓自己平静的生活何时会发生变化。

我们能做的只能是保持一颗坦然的心，学会接受，学会面对。

珍惜当下的平静，去做想做的事，见想见的人，等到风雨来时，我们能顺应形势，波澜不惊。这样的我们虽然未必是成功的，但一定是成熟的。

我们在人生路上披荆斩棘，但也会有情非所愿，身不由己。生活可能会让我们低头，但是，我们的心不能灰暗。

我们要学着接受现实，乐观面对人生的跌宕浮沉。我们更要保有最纯真的期待和乐观，于苦涩冰冷的风雨中等待阳光彩虹。

让我们携着坦然启程，带着希望上路！

现实也许会让我们经历磨难，但只要我们坦然接受、心怀希望，只要我们不曾放弃，一直勇往直前，终有一天，现实也会给我们让路。

陪伴，与你走好最后一段路

陪伴是最长情的告白，相守是最温暖的承诺。

“陪伴”这两个字是动人的，它让我们一起走过了时光，跨越了红尘；它让我们一起沐浴着霞光朝阳，享受着清凉晚风。爱情甜蜜、你侬我侬时，“我在这儿”是一种缱绻的低语，带着爱的味道，让心悸动；生活艰难时，“我在这儿”是一种坚牢的依靠，带着强势和坚定，让心安稳。

有人陪伴是一种幸运，有可陪伴的人是一种幸福。

杨绛和钱钟书走过了风风雨雨，走过了沧海桑田，到人间雪满头时，岁月苍老了他们的模样，却改变不了他们爱护彼此的心。他们想要陪伴着彼此的情意，一如当初。

钱钟书是先于杨绛离开的，可他走得不孤单。

年轻的时候，他们夫妻携手，相互陪伴；临到老的时候，杨绛依旧陪着他走过了最后一段路；临到闭上眼睛的那一刻，杨绛依然在他耳畔低喃。那在耳畔低低响起的话，大约就是她一生的爱。

杨绛是爱钱钟书的，她的爱镌刻在了岁月里。

年轻的时候，杨绛身体不太好，吃的东西也少，一直瘦小。可到老了却反了过来，钱钟书身子差，经常感冒。为了能更好地照顾钱钟书，杨绛便跟护士学打针，她亲自给钱钟书打，细心地照料着他。

可即便是这样，病魔还是没有放过钱钟书。

1994 年，钱钟书住进了医院，检查的结果是膀胱癌，在手术过程中又被发现了右肾萎缩坏死，所以右肾也被一并切除了。钱钟书早已不再年轻，这样的大手术对他来说就是一场生死考验。杨绛担心钱钟书的身体，所以在他术后五十多天里一直陪在他的病床前。

看着杨绛疲惫的样子，医生、护士都觉得心疼，他们劝她回家休息，可杨绛却说："钟书在哪儿，哪儿就是我的家。"

家不是一座房子，而是至亲至爱的家人。

钱钟书是杨绛的爱人，是她的港湾，是她心灵的归处，是她心头最柔软的牵挂。她要陪着钱钟书，亲眼看着他一点点康复，否则，即便她回到家休息，身子不再疲累，可她的心依旧是不安的，那种折磨更让她难安。

钱钟书也心疼杨绛，看着她日渐憔悴，他也劝她回去休息，哪怕只是回去歇歇，之后再过来也好。

可杨绛不肯走，她不放心将钱钟书交给别人来照顾，所以每次钱钟书提这件事，她就会岔开话题。钱钟书知道拗不过她，索性也就不再提了。

一直到钱钟书出院，杨绛才歇了歇。

只是，即便出了院，钱钟书的身体也一直不好，不久之后又进了医院。这次的检查结果很不好，膀胱颈上又发现了癌细胞，手术之后有肾功能衰竭的状况，抢救过后，不得不靠着做血液透析维持生命。

钱钟书的身体越来越虚弱，慢慢地连说话也变得费力，不过他头脑还算清醒，杨绛和他说什么，他都能听明白，并以眼神回应。

为了陪钱钟书，杨绛很少回家。

没有钱钟书在的家，于杨绛而言不过是一个寄宿旅店。那阵子，她每次回家，基本上都是为了给钱钟书熬鸡汤。只是，钱钟书那时已经无法正常进食了，于是杨绛就将鸡汤混进营养液里。除此之外，为了保证钱钟书的营养，杨绛还总给他打各种各样的果泥、肉泥。因为钱钟书只能靠鼻饲的方式摄取食物，所以每次杨绛都会很细心地处理食物，对于鱼肉，她会用针把一根根的刺剔除，对于鸡肉，她则会把肉筋挑出来，然后捣碎成细细的泥。

所有钱钟书要吃的东西，杨绛都处理得很细心，轮到她自己的时候则很将就。

这样的日子，杨绛一直坚持了四年，直到钱钟书离开她。

日复一日的陪伴照料，自然是辛苦的，可杨绛甘之如饴。生命就像是一条河，总在缓缓流逝，一去不复返，没有人能抗拒生命终结，也没有人能拒绝离开，分别终有一日会到来，她能做的不多。陪伴着钱钟书，让他走好这最后一段路，为他们的一生携手画上一个安宁而幸福的句点，是她唯一能做的事。

病痛的折磨会让人变得异常脆弱，可因为有杨绛陪着，钱钟书的心却是坚强的。

只是，意外总来得让人猝不及防。

杨绛早就知道，生命脆弱得就像是一张纸，风一吹就破，可她怎么都没想到，在她陪伴着钱钟书走这人生最后一段路的时候，女儿也病了，而后匆匆地离开了这个世界。

这对于杨绛来说，无疑是一次致命的打击。

“从此老母肠断处，明月下，常青树。”老母肠断，失去女儿的那种撕心裂肺的痛，不言而喻。

不过，杨绛并没有因为女儿的离开而崩溃。

她心里很清楚自己不能倒下，钱钟书还在病床上，需要她的照顾和陪伴，她若倒了，这个家就彻底散了。于是杨绛将所有的痛苦都埋在心底，继续悉心地照顾钱钟书，日日陪伴着他，不断给他鼓励。

杨绛希望钱钟书能挺过来，坚强地活下来。

八十多年的岁月中，杨绛经历了太多生离死别，连她最可爱的女儿也走了，现在她只有钱钟书了。

她不想他也撒手而去，留她孤零零的一个人。

钱瑗去世的消息，杨绛是瞒着钱钟书的，她怕他经受不住这沉重的打击。因为钱瑗生前每过一段时间就会来看钱钟书，她突然不来了，没了音讯，难免让钱钟书怀疑。为了让钱钟书不起疑，杨绛便装作阿瑗还很好的样子，她甚至依然每天做传话员，还读阿瑗写的文章给钱钟书听。

所有的眼泪，杨绛都一个人咽了下去，她努力营造一个依旧温暖的家。

一直到四个月之后，钱钟书的病情比较稳定时，杨绛才在深思熟虑之后，将实情告诉他。她花了一个星期的时间，慢慢地将这件事渗透给钱钟书，钱钟书听了，只是点了点头。

其实他心中早有预感，只是没有说出来。

钱钟书心疼女儿离开，但更心疼杨绛一个人承受着整个家的离散。她八十几岁的年纪，本应该被照顾，与家人共享天伦之乐，却独自承受了全部的苦难，还要分神来照顾他，钱钟书真的很心疼她。

就像杨绛想要陪伴着钱钟书一样，钱钟书也希望能陪着她。

对于生命的敬畏和渴望，在这一刻浓烈到无法抑制，钱钟书真的希望自己能活得更久一点儿，哪怕依旧是躺在病床上，哪怕依旧让杨绛劳累。可他活着，就能陪着她，他活着，她便不是孤单的一个人。

许是心理作用，接下来的一段时间，钱钟书的病情相对稳定了不少。

这让杨绛着实松了一口气，可是没过多久，钱钟书便开始持续发烧，院方组织了专家研究处理办法，却依旧没能控制住他的病情。

杨绛心里明白，这不是一个好的征兆。

1998 年 12 月 19 日，钱钟书还是离开了这个世界。在他离开前，杨绛一直守在他的床前，用家乡话一直在他耳边低喃，直至他停止呼吸。杨绛在钱钟书的额头上留下了一个轻吻，与他告别。

夫在前，妻在后，钱钟书走到了岁月的尽头 ，而杨绛一直陪伴着他。

在医院，杨绛为钱钟书换上了他最喜欢的衣服行装，一件黑色的呢子大衣，深蓝色的贝雷帽，灰色的围巾，这打扮一如往常，他静静地躺在那儿，就像是睡着了一样。在火化之前，杨绛最后一次掀开那盖在他脸上的白布，仔细看着他的脸。

在她的脑海中，那个“蔚然而深秀”的钱钟书已经垂垂老矣，这是岁月的见证，也是他们爱情经历风霜雨雪磨砺后的样子。

从此之后，只有死别，不再生离。

大家怕杨绛太过伤心，劝她离开，可杨绛不肯，她就站在那里，默默地送钱钟书。他们两个自相遇开始便一直相守，这最后一程，她即便不能与他同往，却也要看着他离开，这是她能给他最后的陪伴。或许，能够感受到她牵挂祝福的目光，他能走得不那么孤单。

这世上最好的爱，大约就是陪伴。

陪伴让我们的心温暖，让我们不再孤单，陪伴让我们勇敢，哪怕最后一段路，也能走得满足而欣然。

我们都是需要陪伴的，没有人陪伴的生命除了孤独，便是黑暗。

这世上最动听的话，也许真的不是“我爱你”，而是“有我在”。

陪伴是最长情的告白，愿你的身边有人陪伴。阳光满路时，他陪你欢笑高歌；风雨浪潮中，他与你同舟共济。

女儿，愿你能找到回家的路

家就像是一个港湾，我们在那里停靠，与家人相互依偎。

家可以遮风挡雨，可以缓解疲惫，可以享受温暖。在家里，我们都不再是孤单单的一个人。有家的人是幸福的，华灯初上的时候，家里亮着一盏属于自己的灯，等候我们归来，那浅浅的光亮，可以拂去我们身上的尘埃，照亮我们的整颗心。

只是，时光有时候真的很残忍，明明赋予了我们温暖，却又要收回。

家的离散仿佛是春天里的荒芜，让人悲痛欲绝。

杨绛有个温暖的小家，钱钟书与她恩爱甜蜜，几十年如一日，女儿钱瑗贴心懂事，也很会照顾她，她无疑是幸福的。只是，岁月的长河里浪潮再起时，她的家被打散了。面对生离死别，像是个帐篷一样想将丈夫和女儿罩起来的杨绛无能为力了。她只能一个人守着家中的灯火，守着一条归来的路。

离开的人，若是能够回来该多好！

在钱钟书生病住进医院之后，女儿也住进了医院里，而且她的病来势汹汹。

钱瑗的病，说来和工作劳累有很大关系。

和杨绛一样，钱瑗也是个淡泊名利，一心只想着工作的人。钱瑗很优秀，从 1966 年从事英语教学开始，到 1993 年被北京师范大学聘为外语系英语语言文学博士生导师，这一路走来，她一直都是杨绛和钱钟书的骄傲。

钱瑗很热爱自己的工作，也很努力。

当时学校人手不够，所以钱瑗便承担了很多的课程，她每天都要备课到很晚。又因为住的地方离学校很远，需要坐很久的车，所以每天早晨她都要早早地出门。

日子长了，钱瑗的身体便越来越吃不消了。

起初只是咳嗽不止，那时候钱瑗以为只是着凉感冒，大家劝她去医院看看，她为了节省时间只去了校医务处。医务处诊断的结果是支气管炎，开了些药让她服用。可后来钱瑗开始腰疼，连弯腰都费劲，到最后严重的时候，她甚至没有办法蹲下捡东西。

钱瑗也知道自己的状况不是太好，但因为工作的原因，她一直都抽不出时间去医院，因此耽误了病情。

当时杨绛正照顾着钱钟书，钱瑗不想她担心，便撒谎说腰疼是因为“挤公交闪了腰”。

杨绛是放心了不少，可病魔并没有放过钱瑗。

钱瑗忍着病痛，继续工作，她甚至还去成都参加了当年全国高校外国语教材编审委员会的会议。可回来之后没多久，她的腰疾就发作了，严重的时候，她甚至起不来床。实在没有办法，她才决定去医院。

检查的结果，让钱瑗吃惊不已。

她被确诊得了骨结核，而且脊椎已经有三节发生了病变，同时她已经是肺癌晚期，肺部积水，癌细胞已经扩散，病情很严重。

钱瑗被安排住进了医院，可是病情却没有随之得到控制，她日渐虚弱。

钱瑗自小就懂事贴心。杨绛在当振华女校校长的时候，忙于工作，没时间照顾她，她就安静地在一旁待着，不打扰杨绛；钱钟书出差，留她和杨绛在家，她会像个姐姐似的照顾杨绛。这次被病魔缠上，贴心的钱瑗也选择了隐瞒。

她知道，母亲整日照顾父亲已经精疲力竭了，若是知道她病了，肯定更难受。

人的承受能力是有限的，再坚强的人也有脆弱的时候。

亲人的离散逝去，生死相隔，素来是最折磨人、最容易击垮人的。八十多岁的杨绛，早已不复当初年轻的模样，垂垂老矣的她本该享受天伦之乐，可现在却只能在医院里徘徊。生活已经赋予了她太多的苦难，钱瑗舍不得再给她增加痛苦烦忧。

那阵子，钱瑗一直报喜不报忧。

得病的事钱瑗一直瞒着杨绛，每天钱瑗都会和杨绛通两次电话，她会亲热地和杨绛说很多事，唯独对自己的病绝口不提。等到杨绛知道详细情况时，钱瑗已经很憔悴了，她那一头乌黑的头发也因为化疗掉光了。

钱瑗的重病对杨绛来说，无异于晴天霹雳，一边是住院的钱钟书，一边是重病的女儿，杨绛心力交瘁，近乎崩溃。

时光里，总有些人会走散，不论是生离还是死别，都是不可避免的。

可是杨绛没想到，女儿会在这个时候出现意外。

人们都说女儿是贴心的小棉袄，她不敢去想，没了钱瑗，她的心上会是怎样的凄寒。他们的家犹如一艘老旧的船，于浪涛中风雨飘摇，她的女儿要是再也不能回家了……每当思及此，杨绛都忍不住泪眼蒙胧。

可是，钱瑗却乐观而坚强。

不论是面对杨绛，还是面对来探望自己的学生，她都能谈笑风生。她为自己穿了一件坚强的铠甲，包裹好了自己所有的脆弱，她不想让学生亲朋担心，更不想让杨绛担心。

离开是注定的，来日无多，在最后的日子里，她想让大家安心。

住院期间，钱瑗除了每天固定地打针吃药之外，还躺在病床上看书和工作。哪怕身体的疼痛让她看一会儿书就得歇息一下，写几个字就会酸痛不已，她也没有停下。

钱钟书和杨绛只有钱瑗一个女儿，就像他们最初说的那样，他们将所有的宠爱都给了钱瑗。钱钟书和钱瑗两个人是“最好的哥们”，那种深厚的父女情意，哪怕是杨绛也掺和不进去。杨绛很清楚，若是知道钱瑗重病，钱钟书势必会难过，他的身子早已经受不住大喜大悲，她只能选择瞒着。杨绛避重就轻，她只和钱钟书说钱瑗住院了，是骨结核，至于其他的，她只字未提。

钱钟书听了，还曾庆幸地说：“坏事变好事，从此可卸下校方重担。此后也有理由可推托不干了。”因为他知道钱瑗工作起来有多拼命，他也想她歇歇。

1997 年的 3 月，钱瑗感觉到自己的身体快撑不住了，她提出要见杨绛。

看着自己心爱的孩子被病痛折磨着，杨绛心痛欲碎，可她却将苦埋藏在了心里。就像钱瑗为了让她安心，以乐观面对病痛一样。哪怕是强颜欢笑，杨绛也要伪装得坚强，她希望钱瑗离开得安心，了无牵挂。

钱瑗去世前，杨绛拉着她的手说：“安心睡觉，我和爸爸都祝你睡好。”

于杨绛看来，她的阿瑗并非离开了这个世界，她只是睡着了。钱瑗虽然再也不能陪在她和钱钟书身边，可她却以另一种方式活在了他们的生命里。

钱瑗火化的时候，杨绛还需要去医院照顾钱钟书，她并没有去送钱瑗最后一程，她只在心里默默地送女儿，她祈祷钱瑗能够慢慢走，一路坦途。她也希望，若有来生，她们再成为母女，成为一家人，她希望女儿能够找到回家的路。

钱瑗生前要求不留骨灰，只是学校的师生舍不得她，特意求了杨绛，留了钱瑗的部分骨灰，埋在了北京师范大学校园内一棵雪松下。

“从此老母肠断处，明月下，常青树。”

杨绛在钱瑗离世近百日的时候去看她，老泪纵横。短短的悼亡词，道尽了她的肝肠寸断。

可是，杨绛知道自己不能倒下。

钱钟书还在医院里，需要她去照顾，这个家还需要她来守护。

家是遮风挡雨的屋檐，是岁月流光里的温暖，是魂牵梦绕的牵挂，是心头渴望的归途。有家在，爱便有归处。

杨绛要坚定地守在那里，直到生命的尽头，她守护着所有家的记忆，也盼着女儿入梦，能够找到回家的路。

时光让她的家离散了，可是在她的心上，家永远都在。

做好最后一件事：好好活

月有阴晴圆缺，人有悲欢离合。

人活在这世上都要品味悲苦喜乐，经历聚散离合，这一切仿佛都是宿命安排好的，谁也逃不过。爱女离世，杨绛尝到了白发人送黑发人的苦，钱钟书离开，她又品尝了一遍撕心裂肺的痛。

这世上她最爱的两个人相继离开了她，现实于她过于残忍。

目送着钱钟书进火化间，杨绛忍不住流下了眼泪，她知道这是最后一次见钱钟书了，从此之后，他们在人世将不复相见。可是，杨绛也知道，从此以后，她和钱钟书再无生离。他的心跟她在一起，他并没有离开，他只是换了种方式陪在她身边而已。

送走了钱钟书后，杨绛回到了住所。

从前这里有钱瑗，有钱钟书，他们一家三口都在，欢乐和幸福也在。可现在这里只剩了杨绛一个人，家里也带着一股冷冰冰的寒气。这里满满的都是过往的影子，那些记忆会不由自主地涌入脑海，让她潸然泪下。

但是，杨绛知道自己不能倒下，虽然最爱的女儿和最爱的钱钟书都走了，可是她还有事情没有完成。

她还要“打扫战场”，还要完成钱钟书交代的最后一件事：好好活！

在钱钟书住院的时候，曾有人带着他的诗集《槐聚诗存》来请他和杨绛签名。因着钱钟书身体的缘故，杨绛不愿他被打扰，所以替他代签。那时候她便特意将钱钟书的名字写在她前面，还一边盖章一边笑着说：“夫在前，妻在后。”

杨绛不求能福如东海，她只希望自己能比钱钟书多活一年，这样，她便可以照顾着他直到送他离开，她也可以在他走后帮他完成未完的工作。

现在钱钟书离开了，她要做接下来的工作了。

之后的日子里，杨绛很少出现在公众视线中，就像她写的《隐身衣》一般，她希望能躲开这世界的繁华喧嚣，专心地看书，做自己的事。这是钱钟书和她共同的愿望，现在她一个人坚持着。

那时候有很多人想上门拜访，都被杨绛一一婉拒了。

杨绛身体大不如前，可是她却没有停下手头的工作，就像她曾说的那样："钟书逃走了，我也想逃走，但是我压根儿不能逃，得留在人世间打扫现场，尽我应尽的责任。"

钱钟书有很多手稿，抽屉里、柜子里、箱子里、麻袋里、书桌上，零零散散的到处都是。以前有很多人来电话，想要出版这些东西，但是钱钟书坚持要自己审过才行。现在钱钟书走了，杨绛自然要接替他的工作，她想把这些东西都整理出来出版。

这些稿子随着钱钟书和杨绛几经辗转，有的已经破碎了，杨绛耐心地将稿件一点点拼起来，粘好，然后装订起来，重新审一遍。

正是因为有了杨绛，才让钱钟书有更多的优秀作品能够出版面世。

也有很多手稿因为时间太久的缘故，字迹变得模糊了，杨绛就凭着自己对钱钟书的了解，一点点地复原。因为数量庞大，那一段时间杨绛常常失眠。她太爱钱钟书了，所以很怕做不完这些事，愧对于他。

经过杨绛的后期整理，《钱钟书手稿集》出版了，杨绛依照两人之前的约定，为该书亲自题写了书名，作为纪念。

就此，杨绛了却了心中最大的一件事。

人生路走到了生命的边缘，平静地回首往事，所有的笑与泪、甜与苦，都化成生命中一抹绚丽的颜色，成为桑田沧海后最值得留恋的风景。杨绛额上的纹路记录着她和钱钟书走过的路，她头上的白发书写着他们绵长的情意。再回首，悲苦和思念里的爱意依然深沉。

钱钟书走了，可是他的影子、他的爱还留在杨绛的生命中。

有一次，杨绛翻看旧书，是孟森的《明清史论著集刊》，无意中看到钱钟书生前读书时写下的标注，她忍不住细看，去揣摩当时钱钟书读书时的心境。那些文字似乎变成了耳畔的温言软语，不断流淌，就像是钱钟书在她耳边低喃，与她分享心事一样。

或许爱和思念都是神奇的魔法师，它们都能幻化万物，创造奇迹。

杨绛的心里爱着钱钟书，也念着钱钟书，所以这世间万物仿佛都烙印上了他的影子，变成了他。风是钱钟书的拥抱，雨是他的低语，阳光是他的笑容，皓月是他的柔情，繁花是他的容颜，大地是他的胸怀，还有这书上的文字，是他的一颗爱恋之心。

杨绛看着书，不由得沉醉其中。

后来，她看着看着，突然想起自己小时候还对孟森先生行过鞠躬礼呢，这记忆走过了悠悠岁月，却依然那么清晰。杨绛惊喜之余，不由得想将这一切告诉钱钟书，可这时才恍然发现，那个一辈子都与她分享喜忧的人，已经消散在风里了。

此情可待成追忆，但也只是追忆，这世上再无钱钟书，也再无与她分享一切的人了。

虽然钱钟书走了，可过往的种种，杨绛都记在脑海里。

没多久，杨绛便做了决定，她将她和钱钟书的全部稿酬都捐赠给了母校清华大学，设立了“好读书”奖励基金，资助那些家境贫寒而成绩优异的孩子继续读书，这举动震惊了教育界。

在捐赠仪式上，杨绛曾这样说：“这次是我一个人代表三个人说话，代表我自己、已经故去的钱钟书和女儿钱瑗……在一九九五年钱钟书病重时，我们一家三口共同商定用全部稿费及版税在清华大学设立一个奖学金，名字就叫‘好读书’，而不用个人名字；奖学金的宗旨是扶助贫困学生，让那些好读书且能好好读书的贫寒子弟能够顺利完成学业……感谢清华大学帮助我实现了我们一家三口人的心愿。”

一家三口商定的事，杨绛没有忘记，即便到最后只剩了她一个人，她也要完成。

“好读书”基金是他们一家三口给寒门学子的希望，也是他们一家三口曾经的誓言许诺，是他们感情的见证，是风雨中他们曾来过的印记。

静水深流，爱愈深沉。

这人世间只留下了杨绛一个人，可是在她心里，不论是钱钟书还是钱瑗，他们都从未离开过。她一个人，活出了三个人的幸福。

杨绛曾这样说：“我们仨都没有虚度此生，因为是我们仨。”

在杨绛的心里，永远都有一个坚不可摧、牢不可破的家，家里有她，有钱钟书，还有他们最爱的钱瑗。这个家可以遮风挡雨，满含温暖，这个家不畏时光，跨越生死。不论日月星辰怎么辗转，不论沧海桑田如何变换，这个家永远都在。

岁月寂寥，可杨绛从不觉得孤独。

百岁光阴里，她越活越精彩，她是在按照钱钟书的嘱托，一个人好好地活着，也是在替一家人好好地活着。杨绛是无畏无惧的，她的家给了她勇气，她带着深深的怀念，坚定地走向了时光的尽头。她是无坚不摧的杨绛，也是个听丈夫言的小女人。

好好活！她做到了！

笑着回忆，是最好的怀念

“我们仨都没有虚度此生，因为是我们仨。”

92 岁那年，杨绛在钱瑗和钱钟书都离开之后，创作了《我们仨》，她用平淡朴实的文字记录下了三个人的所有过往。

有些人离开了，却永远都在，就像钱钟书和钱瑗，他们都以另一种方式活在杨绛的身边，活在她的记忆里。

三个人的故事，一个人的回忆，杨绛用她自己的方式写下一个女儿、一个爱人来陪伴自己。一个人孤零零地回忆过去，说来有些孤独残忍，可是杨绛的眼里却是带笑的。

岁月的残忍在于，它明知道我们不情愿，却硬生生地将我们最爱的人一个个地带离我们身边。而它的美好在于，那些镌刻在时光里的记忆，在桑田沧海之后，依旧那么清晰。垂垂老矣，蓦然回首过往的日子，会有泪，也会有笑。可不论是泪还是笑，都带着爱的味道。

笑着回忆，是对过往最好的怀念。

在写下《我们仨》的时候，杨绛也是笑着回忆过往的。那些往事，她仿佛又重新经历了一次，那些点点滴滴的记忆，那可爱的父女俩，仿佛一下子又全都回来了。

杨绛记得，钱钟书是个带着“痴气”的人。

那还是在刚生下阿瑗的时候，有一次，他在午睡，杨绛则在一旁临帖，写累了困劲儿也上来了，她索性直接趴在桌子上休息。可没想到的是，比她先醒来的钱钟书会突然萌生出恶作剧的心思。

他看着睡着的杨绛，玩心大起，于是他用饱蘸浓墨的笔想给杨绛画个大花脸，可没想到刚一落笔，杨绛就醒了。

虽然恶作剧才开始，可杨绛到底还是吃了苦头。

杨绛皮肤极为娇嫩，竟然比宣纸还吃墨，钱钟书这一笔下去，让她洗墨迹差点儿将脸洗破皮。

看着杨绛，钱钟书像是个做错事的孩子，以后再也不敢做这样的事了。每次无聊至极的时候，他就改画杨绛的肖像，然后在上面添上眼镜和胡子，聊以解闷。

这样的钱钟书，让杨绛即便走到岁月的尽头，回想起来，还忍不住笑出来。

杨绛和钱钟书在巴黎的生活，也让她印象深刻。

在巴黎的这一年，杨绛和钱钟书真实地了解了法国特有的文化，同时他们对欧洲整体也有了一个深刻的印象，尤其是语言及文学方面。他们两人一年内读过的文学经典不计其数。

杨绛对于语言极其热爱，在法国这段时间，她利用一切可以练习的机会阅读和交谈，以便能够了解欧洲文化更深层次的东西。同时，钱钟书也毫不示弱，中文、英文、法文、德文还有意大利文，无一放过。我们常常说书海，在杨绛和钱钟书这里，那儿确实是一片海，而他们已然是两条自由的鱼，能够随心在这片海洋里徜徉遨游。

杨绛和钱钟书爱读书，但却不是死读书，他们并不呆板。他们的生活里，有很多乐趣。

那时候，他们喜欢到外面去“探险”，除了读书、读诗和背诗之外，他们每天都会出去转转。他们喜欢猜测故事。每当看到不同的房子，他们都会一起猜测里面住着什么样的人家，会有怎样的故事。而当看到人流中形形色色的人时，他们也会猜测那人有怎样的身份，又要到哪里去。

乐趣一直隐藏在平淡的生活中，你善于去发现，就能享受到它的美。

显然，杨绛和钱钟书都是能够发现乐趣的人。他们两个在一起，即便是平淡如水的日子，也能被他们过得有滋有味。

或许，这就是爱情。

钱钟书在语言方面很有天赋，甚至比杨绛还要敏感一些。刚来法国的时候，他们两个人同读过一本福楼拜的《包法利夫人》，当时读起来还有些吃劲，而且钱钟书的生字还要更多一些。可是一年后，杨绛认识的字已经不如他多了。

为此，钱钟书还得意了一阵子。

钱瑗是杨绛和钱钟书唯一的孩子，在杨绛的生命里，钱瑗是无可替代的。

关于钱瑗的事，杨绛记得很清楚。她记得，阿瑗在刚能坐稳的时候，就能像个大人一样，拿着一本硕大的书，一坐就是好半天。如果给她一支笔，她就在书上画来画去的。那个时候杨绛常想，这或许真的就是遗传。

阿瑗很多地方像钱钟书，手脚的骨骼都很像。

钱钟书很喜欢阿瑗，每次都是看看这儿，亲亲那儿。大人看书的时候，阿瑗也抢着看，有时候她安安静静地自己一个人画书玩儿，很乖巧。她也喜欢爸爸妈妈推车带她出门去“探险”，她最早能说的话就是“外外”。

在杨绛的记忆里，钱钟书和阿瑗在一起的时候，总是笑声不断，哪怕是“埋地雷”这种无聊的游戏，他们也能玩得很开心。

而在杨绛的记忆中，最难以忘记的，还是一件趣事。

那时候上海沦陷，大家都生活在极度的压抑和恐慌中，有一次，家里的厨房突然着了火。

当时，他们一家三口都在。阿瑗见着了火，惊慌失措地从厨房出来：“娘！娘！不好了！快快快，快，快，快！”紧接着，钱钟书也同样惊慌失措地喊：“娘！快快快快快！”听到了声音，杨绛赶忙灭火，可等到忙完之后，再回头看向那父女俩，他们哪有一点儿紧张和恐惧的模样？他们正在一旁快活地嘻嘻哈哈呢。

那样子，让杨绛哭笑不得。

时光越走越远，阿瑗长大了，和钱钟书先后离开了，可是在杨绛的记忆里，她还是那个可爱的孩子，钱钟书还是那个带着点儿“痴气”，有些笨拙，身上却充满爱的人。

从相遇开始，一直到钱钟书离开，杨绛和他风雨携手，不论日子怎么跌宕起伏，她都能感受到钱钟书的爱。

这一生，能遇上他，杨绛觉得自己很幸福。

她记得，那是1974年，她和钱钟书一起住进了学部七号楼西侧尽头的办公室，吃饭、睡觉、学习，都在这间办公室。办公室的条件简陋，冬天还要自己烧煤取暖。

有一次，杨绛和钱钟书两个人因为没注意到烟囱出气口被堵住，差点儿煤气中毒。因为睡前吃了安眠药，杨绛梦中闻到味道，却无法醒过来。可她的耳畔突然传来一声闷响，是钱钟书摔倒在地上了，杨绛心头一急就醒了过来，急忙扶起钱钟书，然后开窗放风。原来钱钟书也在梦中闻到了煤气的味道，他起床想去开窗，可因为吸入了煤气，头一昏就摔倒了。

钱钟书脑门磕到了旁边的暖气上，还留了一道疤。

后来，煤气罐取代了蜂窝煤。

一天晚上睡觉之前，杨绛把煤炉熄了。可第二天早上，钱钟书照旧颇为得意地端着早饭出现，还有她喜欢的猪油年糕。起初杨绛没太注意，可是吃着吃着她忽然想到，钱钟书根本不会用煤气罐，因为他压根不会划火柴。

杨绛疑惑地看着钱钟书，问："谁给你点的火呀？"

直到这时候，钱钟书才得意地说："我会划火柴了！"

划火柴，多小的一件事，可是于"笨拙"的钱钟书来说，却切切实实是第一次。从在英国开始，一直到住院之前，钱钟书一直坚持着为杨绛准备早餐的习惯。这份独有的"早安问候"，他坚持了一生，直到生命尽头。中途，他也遇到过"小困难"，可他愿意为杨绛而努力。

爱或许真的是不老不朽的。

风能吹散沙，岁月能离散人，但是爱的痕迹却吹不散，斩不断。

当站在生命的尽头处，杨绛回忆这段过往的时候，还依稀能瞧见钱钟书得意的模样，他说“我会划火柴了”时的高兴，仿佛他办了一件多伟大的事。

或许，这也的确算得上伟大，因为这里面有他的爱。

杨绛回忆过往，一直都是带着笑的，那些快乐和幸福，像是扎根在她的脑海里一般，会不停地涌现出来。杨绛爱钱钟书，爱钱瑗，爱他们的小家，爱他们过往经历的笑与苦，乐与悲。

当人生这场盛大的修行临到终了时，杨绛是圆满的。

因为家在！因为有爱！

心中的珍宝必须守护

携手同行、同舟共济为守，遮风挡雨、珍爱珍重为护。

“守护”这两个字充满了魅力，它在笔下流淌，笔尖儿带着苍老而甜蜜的故事，缠绵缱绻地讲述波折起伏的爱恋。

生活中，我们总会有想要守护的人和事，因为要守护，所以我们必须强势。

杨绛素来为人和善，她与谁都不争，那娇小的人儿的脸上一直都带着笑意和从容，她淡泊清雅得像是一朵莲花，在风中摇曳，不染纤尘。

可是，杨绛也有强势的时候。

不论是谁，一旦触碰到了她想要守护的人、想要守护的事，她就绝不会退让。

这是她的原则，也是她的坚持。

2013 年 5 月，一条消息震惊了所有关心杨绛和钱钟书的人：中贸圣佳公司发布公告，他们将于 2013 年 6 月在北京举行专场拍卖会，而拍卖的东西则是包括钱钟书、杨绛、钱瑗书信及手稿在内的共计 110 件作品。

这消息牵动了很多人的心，同时也让杨绛极度重视。

公告上提及将要被拍卖的 110 件作品，包括了 66 封钱钟书的亲笔书信，以及《也是集》手稿，12 封杨绛的书信和《干校六记》手稿，同时还有 6 封钱瑗的书信。

这些书信多是 20 世纪 80 年代，钱钟书与当时香港《广角镜》杂志社总编辑李国强的往来书信。两人相识于 1979 年，直至钱钟书去世，他们一直保持着联系，关系亲密。信件的内容大都与《也是集》的出版相关，当然除了出版相关的事情，还涉及两人闲聊的一些家中琐事。也有一些信件，包含了钱钟书对历史和学人的评判。

这些所要拍卖的书信，均是钱钟书以毛笔书写，笔韵笔锋皆见功力，十分珍贵。

书信是私密的，好友相交书信往来，谈天说地，天马行空，本是亲昵风雅的事，可当这一切忽而被推至人前，所有“不能公开说”的事情被公开、被拍卖，不论是杨绛还是关心钱钟书的人，都无法接受。

钱钟书虽然离开了，可他依旧应该被给予尊重。

在得知拍卖的消息后，杨绛立刻给香港的李国强打去电话，她质问李国强："我当初给你书稿，只是留作纪念；通信往来是私人之间的事，你为什么要把它们公开？这件事情非常不妥，你为什么要这样做？请给我一个答复。"

杨绛言辞强硬，李国强便说："这件事情不是我做的，是我朋友做的。"

在通话的最后，李国强承诺会给杨绛一封书面答复。

之后记者再去跟李国强核实这个消息，李国强表示："我不知道，这件事情和我没有关系。"紧接着他便挂断了电话。

这样的结果，无疑让杨绛失望。

上善若水，水善利万物而不争。素来以"不争"著称的杨绛，这次却要一争到底。

当时已经103岁高龄的杨绛立刻发表了一份声明，措辞严厉而坚决，她表示，反对拍卖公司对其本人、钱钟书以及女儿钱瑗的私人书信进行拍卖，如果拍卖举行，她将诉诸法律，维护自己和家人的合法权利。之后，杨绛也向北京市第二中级人民法院提出诉前申请，要求责令对方停止拍卖。

她质问："我不明白，完全是朋友之间的私人书信，本是最为私密的个人交往，怎么可以公开拍卖？个人隐私、人与人之间的信赖、多年的感情，都可以成为商品去交易吗？"

这件事在文学界引起了一场轩然大波，极受重视。

当时，北京大学、清华大学、人民大学三所高校的民法、知识产权法和宪法领域的权威法律专家也对拍卖私人信件是否牵扯法律问题一事进行了专题研讨。

最后，专家们认为：私人信件具有特殊性，它体现了发信人对收信人的个人信赖，收信人虽然对信件享有所有权，但是并不能随意处理这些信件。收信人在行使所有权时，应当尊重公共秩序和善良风俗，不得伤害发信人对自己的信赖，不得侵害发信人和第三方的合法权益。公开拍卖私人信件，明显违反这些法律原则。

后经法院审查，于 2013 年 6 月 3 日依法做出禁止中贸圣佳公司实施侵害著作权行为的裁定。该公司被迫停止对涉案书信手稿的拍卖。

虽然拍卖停止了，可杨绛依旧认为，李国强作为收信人，将书信、手稿交给第三方的行为，以及中贸圣佳公司在司法裁定前准备拍卖会的行为活动，已经侵犯了他们的著作权和隐私权，她最终决定将拍卖公司和李国强告上法庭。

年逾百岁的老人，用自己最后的生命强势地守护着自己的亲人，捍卫着他们生前的一切。

杨绛不愿自己挚爱的人在走后还受到打扰，她更不愿意纵容那些打着学术研究的幌子，曝光名人隐私，从而满足一部分人的窥私欲，进行商业炒作、牟取暴利的丑陋行径。

2014 年 2 月 17 日，北京市第二中级人民法院一审判决：两被告停止涉案侵权行为，赔偿杨季康各种损失共计 20 万元，并公开赔礼道歉。

在清华大学设立“好读书”基金，杨绛捐献了所有的稿酬，淡泊如水的她，对钱财根本不在意。

可是这20万元并不只是金钱，这更是她对钱钟书和钱瑗的守护。

作为文学家、作家，钱钟书是公众人物，他努力将优秀的作品呈现给读者，这是他应该做的，可是他也有属于自己的个人生活，书信实属私人物品，公开拍卖是对逝者的不尊重，杨绛无法接受，也不会容忍。

年过期颐，来日无多。

杨绛知道自己能为钱钟书做的事不多了，可是，只要是她认为该做的事，她就一定会去做。只要是她认为能给他的守护，她就一定会去努力。

钱钟书的弟弟曾这样形容过杨绛，他说：“她像一个帐篷，把大哥和钱瑗都罩在里面，外在的风雨都由她抵挡。她总是想包住这个家庭，不让大哥他们吃一点儿苦。”

这样的形容，是杨绛的真实写照。

在钱钟书和钱瑗生前，杨绛给他们守护，让他们感受家的温暖，生活无忧；在他们离开之后，她又一个人坚挺地守护着他们的岁月流年。

尘世繁华尽，伊人心上依。

时光带走了钱钟书和钱瑗，可是，他们还在杨绛心上。

青丝染霜雪，爱人依旧，杨绛斑白的两鬓写的是过往悠悠岁月中，她和钱钟书，和女儿钱瑗的深情，不容侵犯。

这就是她想要守护，并且坚持守护的一切。

守护是一盏灯，照亮爱情的归路；守护是一把伞，挡去生活的苦雨；守护是一把琴，抚去了离散的忧伤；守护是一身铠甲，保护着岁月流年。

为了爱人，年过期颐的杨绛怀抱着强势，坚定地站了出来。

她守住了岁月流年，也守住了他们的家。